辰濃和男
Kazuo Tatsuno

文章のみがき方

岩波新書
1095

JN265065

まえがき

本を読んでいて、気に入った文章に出あうと、それを書き抜くことがあります。といっても、いたってちゃらんぽらんな性格ですから、同じ体裁のノートに順序よく書き写してゆくという几帳面なことは苦手で、カードに書いたり、いただいた手紙の封筒の裏に書きとめておくという具合で、書き抜いた言葉の数々はあちこちに散乱したままでした。

ある日ふと、いままで書き写した言葉のうち「文章論」に関するものだけでも整理しておこうという気持ちになり、散らばっていたものを集めはじめました。さまざまな人の言葉を体系づけて、私の感想を書きそえてみようと思い立ったのは、もう五、六年前です。

この本は、さまざまな方々の「文章論」や「作品」を読み、私がそこから学んだことを記したものです。作家だけではなく、画家や舞踊家の言葉もあります。「いい文章」を書くことを志す方が、本書の三十八の章を読み、一つでも二つでも、役に立つ主題を見つけてくだされば幸いです。

いい文章の条件には、平明、正確、具体性、独自性、抑制、品格など、大切な要素がたくさんあります。どれ一つとっても、到達点が霞んでみえぬ、はるかな道を歩まなければなりません。

同時に、私がいつも思うのはいい文章のいちばんの条件は、これをこそ書きたい、これをこそ伝えたいという書き手の心の、静かな炎のようなものだということです。大切なのは、書きたいこと、伝えたいことをはっきりと心でつかむことです。そのとき、静かな炎は、必要な言葉を次々にあなたに贈ってくれるでしょう。

いままで集めた「文章論」のなかに、二つの、似通った言葉がありました。

一つは、太宰治の文章です(『太宰治全集(一〇)』筑摩書房)。

「佳き文章とは、『情籠《こも》りて、詞《ことば》舒び、心のままの誠を歌ひ出でたる』態のものを指していふ也」と太宰は書いています。情籠りて云々は、詩人、上田敏の若いころの文章の引用です。技巧も大切だが、より大切なのは「心のままの誠」だというのです。ふるさとを恋しいとも思わないのに、恋しくて死にそうだと書いた人がいたら、太宰はそれを見破っていうでしょう。「心のままの誠がない」と。誠には、相手をとことん思いやる心という意味もあります。ふるさとを切に恋う心があれば、それはその人にとっての誠です。

もう一つの言葉は、篠田桃紅の本にあったもので「さ候へば、すべて心ありての言葉、と御心得あるべく候」というものでした。歌人中原綾子が若いころの篠田に寄せた手紙の一節です。心のはたらきを閉ざしてはならぬ、心にそのはたらきがあって初めて人に届く言葉が湧く、という教えでしょうか(『その日の墨』冬樹社)。

相手を深く思ってもいないのに、思いやっている様子の文章を書いても、それは「心ありての言葉」になりません。権力好きで、人を蹴落とすことに執念をもつ癖のある人が、「いい人ぶった」文章を書いたとしても、メッキはすぐにはがれます。

十数年前、『文章の書き方』という本を書いたとき「文は心である」などとナマイキなことを書きましたが、いまもそのナマイキな思いに変わりはありません。

自分の心に向き合うことが難しいように、自分の文章に向き合い、自分の文章ににじみでている邪心を見つめるのも難しい。いい文章を書くための道には、果てがありません。自分の文章の拙さ、思いの浅さにのたうちまわってくやむこともあるでしょう。しかし、幸いにも、「いい文章」を書くための道は、果てしないが、つづいているのです。そして、その道を地道に歩きつづけるものだけが、それなりの果実を手にすることができるのではないでしょうか。

目次を見ればおわかりのように、三十八の章はいずれも動詞を拠りどころにしました。動詞の連なりが、果てのない道の、ささやかな道しるべの役割を果してくれることを念じています。

この本では多くの方の「言葉」を引用いたしました。感謝いたします。本の作成にあたっては終始、岩波書店の坂巻克巳さんのお世話になりました。

辰濃和男

二〇〇七年九月

目　次

I

基本的なことを、いくつか

1　毎日、書く

「旅行に行って一〇日くらい書かないことはありますけど、そうすると一〇日分へたになったなと思います。ピアノと一緒なんでしょうね。書くというベーシックな練習は毎日しないといけません」　（よしもとばなな）

十日分、へたになるというのはつまり、元にもどるのに十日はかかるということでしょうか。「作家になるずっと前から書くことが日常でした」という人だからこそ、「一〇日分へたになった」ことが実感としてわかってしまうのか。「わかる」というのは、これまた大変な習練の結果だと思います。

よしもとばなながまだ四歳のころのことです。父の吉本隆明に会いに来た編集者が、幼女を見て「大きくなったらなんになりたいの」と聞く。幼女は即座に「作家」と答えたそうです。

宣言しただけでなく、小学二年生のころからもう小説を書いていて、そのとき書いたのは「なんか人間が大勢出てくるような、割りと陰気なホラーものみたいな感じの大作」だった、とご本人はいっています。そのころから文章を書きつづけているわけですから、年季の入り方はいい加減じゃない。

この作家に、『日々のこと』という、日常の記録をつづった作品があります。そのあとがきに、「しかし、私のエッセイは下らない。プロフェッショナリズムというものがまるで感じられない。申し訳ない、買った人」という小気味いい自嘲の文章があります。「いったい、どれほど下らないか」を点検する興味がありましたが、読み進むにつれて、小学生のころから書いていた歳月の積み重ねをいやでも感ずることになりました。その積み重ねが、いかにも平明な、軽くて、ふんわりした感じの文章を創りあげている。

これから文章の習練をという人にとって、参考になることがたくさんあります。試みに、各章の最初の文章を読んでみましょう。

「私は今、神戸にいる」
「私の異常な風呂好きは周知の事実です」
「瀬戸内寂聴さんにお会いした」
「友人が結婚した」
「ある土曜日の午後、私と恋人はどうしてもパスタが食べたくなった」
「今年の台風はすごい」

「N・Yに行ってきた」

各章はこういった感じの文章ではじまります。短くて、具体的で、日常的で、一見、気楽に書いているようにみえる文ばかりです。習練のためにはまず、こういう形で、気負わずに最初の一行を書いてみればいいんだという気持ちにさせてくれる、きわめて単純な文章が圧倒的に多い。

よしもとばななは、二〇〇一年以降、ホームページに書く日記をまとめ、『よしもとばななドットコム見参！』『赤ちゃんのいる日々』『美女に囲まれ』といった題の文庫本を次々に出しています。「はじめは本を作る気は全然なかったのですが、私が調子にのって書きすぎたために過去のぶんをまとめて見るのが大変だとみなが言うので、それではまとめるか……という気持ちになりました」とご本人が書いている通り、調子にのって書きすぎるほど、書くことが暮らしにとけこんでいる人なのでしょう(作家の多くはそうなんだろうなとも思いますが)。日記はこんな調子のものです。

「家に帰ったらビーちゃんのせいで鯖の缶詰の中身が床に飛び散っていて、ティッシュもみんなぼろぼろになって床に落ちていた。家中が小便くさい。なんだか、わびしい……」(二〇〇一年)

「ひたすらにゲラを直す。直して直して直しまくる。寝ないで直す。そして夕方はチビといっしょに買い物に行く。ふたりで外出、やっとここまで来たか、と感無量だ。ユニクロに入ったら『うわ〜、ここはあったかいね！』と大声で言ったのでおかしはずかしかわいかった」(二〇〇五

年）

それぞれの文庫本の巻末に「Q&A」があります。よしもとは、インターネットで日記を人びとに伝える。それを読んだ多数の人から質問が寄せられ、その質問に答える。その様子が文庫本に収められています。作家と読者の距離が、ものすごい勢いで近づいているということに驚き、長文の質問に答えるというサービス精神にも驚きます。「書くことが日常」といいきる人の思いがこのような形になっているのでしょう。

とにかく、日記を公開し、Q&Aにも目を配り、という日常のなかで、つまり日々、自分の暮らしをさらすことで、よしもとばななは、新しい形の文章、新しい形のエッセイの創造をたのしんでいるように思えます。

よしもとの作品の内容を論ずるのは、本書の趣旨ではないので避けますが、作品を読んで、ひとことだけいいたいことがあります。

よしもとが、俳優、広末涼子のことを書いているくだりがあります。広末の担任だった先生が「涼子に対するバッシングについて憤っている」という話です。

「『涼子をバッシングするのはけしからん。二十歳になって朝帰りしたらいかんのでしょうか。涼子は天真爛漫なまま、誹謗中傷のうずまく芸能界に飛び込んで苦労している。辛いことがあったら一緒に唄ったオー・シャンゼリゼを口ずさんで頑張るんだ』。なんて、さわやかで、力強く、シンプルで、しかも教師らしいすばらしいコメントだろう」

よしもとはそう書きます。広末を励ます教師を手放しで応援しています。思いやりのこころが、文章に命を与えています。よしもとの文章を読んでいて、ときどき、相手を思いやる文章のこころよさを感ずることがあるのです。

日記といえば、私自身は、メモていどの日記を書くだけですが、毎日、大学ノートなどに克明な日記を書いている人を何人も知っています。そんな日記をつけている人たちはたぶん、その日その日を丁寧に過ごしているのではないかとうらやむ気持ちがあります。

作家の古井由吉が、人の日記は「読んでいてもっともおもしろい」と書いています。「人はそれぞれのありように従って、長年の日記の中でこそ文章の極致に淡々と踏み入る、と私は見る者だ」とも書いています。古井由吉のような、すぐれた眼力の持ち主がそういうのですから、日記には確かに人の筆力を高めるふしぎな力があるのでしょう。

私が読んだ範囲でいっているだけですが、永井荷風の『断腸亭日乗』(岩波書店)、山田風太郎の『戦中派虫けら日記』(ちくま文庫)、「串田孫一の日記」(『串田孫一集』第八巻・筑摩書房)が私にとっての「三大日記文学」です。少し読んだだけですが樋口一葉の日記もいい。戦時中に書いた竹内浩三の日記も、なかなかのものです。

この章の「まとめ」は極めて単純です。

「毎日、なにかを書く」ということです。日々、たゆまずに書く。そのうちにはきっとあなた自身の文章が形をなしてゆくはずです。

毎日の素振りをせず、いくら野球の解説書を読んでも、野球がうまくなるはずはありません。日記は、野球でいう素振りでしょう。

よしもとばななの談話『婦人公論』二〇〇五年三月七日号掲載
よしもとばなな『日々のこと』学習研究社、一九九二年
よしもとばなな『よしもとばななドットコム見参！』新潮文庫、二〇〇三年
よしもとばなな『ついてない日々の面白み』新潮文庫、二〇〇七年
よしもとばなな『バナタイム』マガジンハウス、二〇〇二年
古井由吉『聖なるものを訪ねて』集英社、二〇〇五年

2　書き抜く

「私にはどういう文章を書けばいいかという規格品のイメージがありませんので、これはうまい文章だと思うものをノートに書き抜く。小さいときからつくってきたそういうノートが百冊以上になると思います」

（鶴見俊輔）

いいな、と思った文章を書き抜く。書き写す。これはけっこう、大切なことだと思いますね。

鶴見俊輔は、戦後のもっとも魅力ある思想家の一人ですが、同時に、若い芽を育てる名人でした。敗戦後、私がまだ大学生だったころ、社会心理学者のわが恩師、南博教授の指導で仲間たちと「戦後日本の流行歌」のことを調べたことがあります。仲間と騒ぎながら調査研究をかさね、南教授がそれを形にして発表してくれたことがあります。その流行歌論を読んだ鶴見俊輔が「あれはおもしろかった」と私たちを励ましてくれたことがありました。五十数年前のことなのにそのことがいまも私の記憶にあるのは、よほどうれしかったからでしょう。

鶴見は、十二歳のころから書き抜きを始め、たとえば徒然草の「存命の悦び、日々に楽しまざらんや」とか、作家、武田泰淳の「私は人間のあさましさこそ最も愛すべき人類の性格だと思っている」とか、そんな文章をノートに写したそうです。

この人の文章が、いまなお人の心に響く新鮮さをもっている秘密の一つは、この膨大な書き抜き帳にあるのではないかとひそかに思うことがあります。冒頭にかかげた文章を鶴見が書いたのは二十数年前です。いま、大学ノートは百数十冊になっているかもしれません。

この書き抜き帳は、どういう役に立っているのか。

一つには、自分の文章はまずいなという感じを保つことができると鶴見はいいます。書き抜いた文章と自分の文章との違いがわかる。それに加えて、いいなと思う文章の数々は、自分の陥りやすい紋切型をつきくずす助けになっている、といいます。

鶴見は「紋切型の言葉に乗ってスイスイ物を言わないこと。つまり、他人の声をもってしゃべるんじゃなくて、自分の肉声で普通にしゃべるように文章を書く」ことが大切だと説きます。

「(私は)毎日、文章を書いて暮らしを立てているわけですが、なにか、泥沼のなかで殴り合いをしているという感じです。紋切型の言葉と格闘してしばしば負け、あるときには組み伏せることができ、あるときには逃げる、といったように、紋切型との殴り合いに終始している、その問題をおたがいに自分の前に置いてみましょう」

紋切型の言葉を使わないということは、紋切型の発想を戒める、ということでもあり、これは、いい文章を書くための基本中の基本だといっていいでしょう。

鶴見が、いいなと思った文章の書き抜きをするのは、その文章の真似をしたいためではないのです。一つには、その文章が「紋切型の言葉を使っていない」ということを学ぶためでしょう。そして、その文章と自分の文章を対比させることで、自分の文章を浮かび上がらせることができる、ということもあるでしょう。浮かび上がらせ、自分の文章のいたらなさ、まずさを考えてみる。鶴見俊輔ほどの独自の言葉をもった人が、それでもなお、自分の文章を省みる修業を日々つづけているということに、私は心を動かされます。


たくさんの人が書き抜きをしています。

『花森安治の仕事』の著者、酒井寛は、花森安治がたくさんの人の文章を大学ノートに書き写していたと書いています。森鷗外、志賀直哉、それに浄瑠璃にいたるまで書き写し、しかも同じ人の文章を何度も何度も書き抜いていたそうです。

もっとも、これには事情がありました。花森安治は『暮しの手帖』の編集長をしていたとき、ひとりでいくつものページを受け持っていました。なるべくは、たくさんの人が書いているという印象をもってもらうため、さまざまな文体で書く必要があった。だからさまざまな人の文章を書き写して、その人の文体を学んでいた、というのです。

むろん、書き写しが好きだったから、という理由もあるでしょう。書き写しによって学ぶものがたくさんあると知っていたからでもあるでしょう。

作家、井上靖にこんな言葉があります。「自分の心を揺さぶられた文章がある。骨董品のように、それを大切にしている。私の蒐集であるから、私だけにその価値と美しさが判り、他人には通用しないものかも知れない」

人はそれぞれ「心を揺さぶられた文章」を生涯の宝物として心の手文庫に大切にしまっているはずです。ノートに記録された書き写しの文章は、「心の自分史」です。自分のたどってきた道をあきらかにしてくれます。

敗戦のとき、私は旧制中学四年でした。十代のころのことで記憶があいまいですが、当時の多くの少年の例にもれず坂口安吾や太宰治の本を読みあさり、気に入ったところはよくノートに書き写していました。それだけでは気がすまず、「私は堕ちつづけ、そして、私は書きつづけるであろう。神よ。わが青春を愛する心の死に至るまで衰えざらんことを」という安吾の文章なんかを紙に書き抜き、机のわきの壁に張って、「おれは書きつづけるぞ」なんてつぶやいたりしました。まあ、なんともマンガ的な風景でしたが、「自分史」をたどるうえでは、書き抜き帳は実におもしろい文献です。

自分の気に入った文章を書き抜くことは、あなたの文章をみがくことになります。
書き抜き帳の利点をまとめておきます。
①書き抜くことで、その著者からより深く学ぶことができる。
②自分の文章の劣った点、たとえば、紋切型を使いすぎるといったことを学ぶことができる。
③自分がどういう文章を「いい文章」だと思ってきたのか。のちに、自分の心の歴史をたどることができる。

鶴見俊輔『文章心得帖』潮出版社、一九八〇年
酒井寛『花森安治の仕事』朝日文庫、一九九二年
井上靖「『百物語』その他」、週刊朝日編『私の文章修業』朝日新聞社、一九七九年

3　繰り返し読む

「何度も何度もテキストを読むこと。細部まで暗記するくらいに読み込むこと。もうひとつはそのテキストを好きになろうと精いっぱい努力すること（つまり冷笑的にならないように努めること）。最後に、本を読みながら頭に浮かんだ疑問点を、どんなに些細なこと、つまらないことでもいいから（むしろ些細なこと、つまらないことの方が望ましい）、こまめにリストアップしていくこと」

（村上春樹）

作家、村上春樹のこの言葉は、ご本人がアメリカの大学で日本文学を教えていたとき、学生たちに注文したせりふです。日本の作家の何冊かの本の合評会を計画し、学生たちに「細部まで暗記するくらいに読み込むこと」と注文したのです。

春樹は、①繰り返し読むこと②その本を好きになる努力をすること③疑問点を並べることの三点は「真剣に本を読むにあたって、僕自身が常日頃心がけているポイントでもある」と書き、学生にその三つのことを注文したのです。

読むことと書くこととは、葉っぱの裏表のようなもので、本来、一体のものでしょう。あなたは、なにかを書きながら、ときどき、書いたものを黙読していませんか。あるいは、声を出して読むこともあるでしょう。だれかの文章を読みながら、「ここはおかしい。自分ならこう書くのに」とか、「ここはすばらしい。自分にはとても書けない」とか思うこともあるでしょう。読みながら実は書くことを意識する。そういうことが少なくはないはずです。

この本は、文章のみがき方を考える本ですが、あえて「読む」という項目を設けたのは、「いい文章を読むことは、いい文章を書くための大切な栄養源だ」という思いが私のなかにあるからです。

村上春樹は「暗記するぐらい読み込め」という。一冊の本を暗記するぐらい繰り返し読むというのはなかなか大変です。私などはもともと記憶力が弱いうえに齢を重ね、「暗記する」という営みが極端に苦手になりましたが、それでも、繰り返し読んでいる作品の総数はずいぶんふえました。

皆さんにも、出あえて幸せだったと思える本が何冊か、何十冊か、いやそれ以上もあるはずです。そういう本はあなたに生きる力を与えてくれるだけでなく、文章を書くときの底力になっているに違いありません。

大岡昇平は、スタンダールの『パルムの僧院』は二十遍以上読んだそうです。そして、漱石の

『坊ちゃん』は「たぶんその倍くらい読んだ」と書いています。繰り返し読むことで、その本は読む人の血肉になってゆくはずでした。

ここでちょっと話がそれますが、子どものころに読んだ本、あるいは読み聞かせてもらった本が奇跡を生んだという話を書きます。

幼いときに「いい本」に出あう体験がいかに大切かということを、私たちはもっと知るべきでしょう。ニュージーランドのドロシー・バトラーが書いた作品に『クシュラの奇跡』という名著があります。

クシュラは重い障害をもって生まれました。視覚や聴覚の機能も不十分で、何回か危篤になるほどの状態がつづきました。そのクシュラに対して、祖母のバトラーや両親は、熱心に絵本を読んでやったのです。熟睡できず、昼も夜もむずかる幼女は、そのときだけは、全身を耳にして、絵本を読む声に聞き入ったそうです。

入院と手術を繰り返す日々でしたが、その読み聞かせのせいか、クシュラは、三歳八カ月のときの検査で、知力が「標準以上」と判定されました。クシュラの障害の度合いからみれば、これは奇跡的なことでした。

苦痛と欲求不満の暮しのなかでも、本のなかの登場人物――王様やネコやトラが常に彼女と共にいたのです。

「クシュラがたえまない苦痛と欲求不満の人生を生きていたとき、本のなかの登場人物とぬくもりと美しい色が、クシュラをとりまいていた。……クシュラしか知らない暗くて寂しい場所へお供をしたのは、本のなかの住人にほかならない」とドロシー・バトラーは書いています。たくさんの本のなかの登場人物との出あいがどれほどクシュラを励まし、慰めてきたことか。この本はそれを詳細に語り、たくさんの人の共感を呼びました。

幼いときに、たくさんのいい絵本を読み聞かせてやることがどんなに大切か。未来に生きる人たちを思うとき、このことはいくら強調しても強調しすぎることはないでしょう。

この章で、私がいいたいのは「多くの本を読むこと、そして、これはと思う本があったら、精読しよう」ということです。書き抜く。傍線をひく。感想を書く。要約を書く。あらゆる形でその本と対話をし、格闘し、感謝し、座右においてまた繰り返して読む。

その本のなかに「いいな」と思った文章があったら、繰り返し読む。音読する。そういう本をあなたは、何冊、もっていますか。

「文章に対する感覚を研くのには、……繰り返し〳〵音読せしめる、或は暗誦せしめると云ふ方法は、まことに気の長い、のろくさいやり方のやうでありますが、実は此れが何より有効なのであります」と谷崎潤一郎も書いています。

さらにもう一つ、冒頭の言葉で、村上春樹は「その本を好きになる努力をすること」といっていますが、これは実に大切なことではないでしょうか。悪口もいい、酷評もいい、しかし、本当に大切なのは、その人の書いたものを「正当に評価しようと努力する」ことでしょう。「批評とは人をほめる技術だ」といった人もいますが、対象になる作品、対象になる文章をほめるには、なによりも「好きになる」心の営みが大切でしょう。いくらほめようと思ってもほめるところがまったくない、という作品は案外、少ないものです。

村上春樹『若い読者のための短編小説案内』文春文庫、二〇〇四年
ドロシー・バトラー著、百々祐利子訳『クシュラの奇跡（普及版）』のら書店、二〇〇六年
谷崎潤一郎『文章読本』中央公論社、一九六〇年

4　乱読をたのしむ

「私は、手あたりしだいに本を読んで、長い時を過ごしてきました。そういうのを世の中では『乱読』というようです。『乱読』の弊《へい》――しかし、そんなことを私は信じません。『乱読』は私の人生の一部で、人生の一部は、機械の部品のように不都合だから取りかえるというような簡単なものではない。『乱読』の弊害などというものはなく、ただ、そのたのしみがあるのです」

（加藤周一）

戦後を代表する思想家、加藤周一の「乱読はたのしい」の言葉に、無条件に賛成です。『読書術』の「あとがき、または三十年後」に、加藤は読書のたのしみについて、こう書いています。「すべての本は特定の言語で書かれています。日本で出版される大部分の本の場合には、日本語です。本を沢山読むということは、日本語を沢山読むということであり、日本語による表現の多様性、その美しさと魅力を知るということでもあるでしょう。私は本を読んで日本語の文章を愉しんできました。それも読書の愉しみの一つです」

「日本語による表現の多様性」「その美しさと魅力」を知るためには、できるだけたくさんの日本語の本を読むことが大切なのだと加藤はいっています。「勉強」というしかつめらしい営みではなく、ただただ読書をたのしむという大道を歩くことで、私たちはおのずから日本語の力をみがくことができるのです。

精読と乱読は矛盾するものではありません。乱読したもののなかから、精読する本が現れることもありますし、たくさんの本を少ない時間で読むおかげで、一冊の本を精読する時間ができるということもあるでしょう。精読もたのしいし、乱読もたのしい。

私は、どちらかというと乱読派だと思いますが、それでも、ゆっくりと一冊の本を精読するたのしみも少しは知っているつもりです。

読書には「異質の本を読むたのしみ」というのがあります。『赤ひげ診療譚』などを書いた作家、山本周五郎は、異質の本を読むことの好きな人だったようで、ひところは、専門的な医学雑誌を三種類、二年以上も購読していました。むろんこれは、医学生を主題にした小説を書くための準備でしたが、その雑誌を読んでいると、おもしろくて、電車の停留所を乗り越してしまうほど熱中した、と回想しています。

周五郎の表現によれば「数学的能力がゼロだから、正確な理解などはとうていおぼつかないが、読んでいるとベラボウに面白い」ということでした。「机に向っているときとは頭のはたらきがまるで違うので、つまり頭のレクリエーションになるからではないかとも思う」とご本人は書いていますが、よほど頭のやわらかな人だったのでしょう。

文科系の人はなるべく理科系の本にも手をだし、理科系の人はなるべく文科系の本にもなじむこと、長い一生を考えれば、このことはかなり大切なことでしょう。

『蝉しぐれ』などの時代小説を書いた藤沢周平もまた、乱読のたのしさを知る人だったと思います。

この人にとって「異質の本」といっていいかどうかわかりませんが、藤沢は「海外の推理小説」を読みつづけました。その読書日記を読んでも、クライブ・カッスラー『マンハッタン特急を探せ』、リチャード・ニーリィ『オイディプスの報酬』、ロバート・トレイバー『裁判』、ミッキー・スピレイン『裁くのは俺だ』、ルース・レンデル『指に傷のある女』、フリーマントル『追いつめられた男』など、たくさんの作品が登場します。

藤沢自身、グレアム・グリーンの『ヒューマン・ファクター』について、こう書いています。

「私は推理小説からスパイ小説、あるいはこれらをひっくるめたサスペンス小説のたぐいを、ひまさえあれば読み散らしているわけで、『ヒューマン・ファクター』もスパイ小説として読んだ。

ところが、これが大変だった。結論を先に言うと、ここ数年の間に読んだおびただしいその種の小説の中で、記憶に残るものはといえば『ヒューマン・ファクター』一冊にとどめをさすのである」

こういう絶賛の言葉を贈ることができるほど、藤沢は海外の推理ものに親しんでいたのです。そしてこのことが、さまざまな形で藤沢の作品に影響を与えていた、ということは多くの人が指摘しています。

異質の本を読むことで、私たちは第一に自分の世界をひろげることができます。

第二に、未知の世界に出あうことで脳の働きに刺激を与えることができます。

私自身の体験でいえば、日々、新聞のコラムを書くことで、ずいぶん得をしたと思うことがいくつかありました。日々変わる主題にしたがって、異なる分野の人に会う、あるいは、異質の分野の本や雑誌を読む、という機会に恵まれたこともその一つです。異質との出あいによって、こころのなかの未開の地を、ほんの少しずつ耕すことができました。

いま、机のすぐわきの書棚を見ますと、さまざまな分野の本が光を放って並んでいます。作曲家、細川俊夫の『魂のランドスケープ』があり、生命科学者、柳澤桂子の『意識の変化とDNA』があります。自然人類学者、近藤四郎の『足の話』があり、今西錦司の『自然学の提唱』があります。私が学んできた世界とは違う分野の本ですが、新しい世界のことを教えてくれる貴重な本ばかりで、ぼんやりしているときに手にし、開いたところを読みなおしていると、実にたのしい世界がひろがります。

原稿を書いていて、アタマが極度に疲れたときは、新聞、週刊誌、写真集、画集など、周辺にあるものを手当たり次第に読むのが、意外にたのしい。なんということなくゴーギャンの画集を見、マルキーズ（マルケサス）の島々を思い、あの南太平洋の島の椰子林を渡る風を思い、濃紺色にひろがる海を思っているうちに、心を覆っていた雲が晴れ、青空が見えてくる気持ちになります。乱読とはちょっと違うかもわかりませんが、もやもやを突き破る一つの方法としては有効だと自分では思っています。

加藤周一『読書術』岩波現代文庫、二〇〇〇年
「無限の快楽」『山本周五郎全集(三〇)』新潮社、一九八四年
藤沢周平『小説の周辺』文春文庫、一九九〇年

5　歩　く

「暇があったら歩くにしくはない。歩け歩けと思って、私はてくてくぶらぶらのそのそといろいろに歩き廻るのである」「裏町を行こう、横道を歩もう」

（永井荷風）

東京の「市中散歩」をつづけた永井荷風は名作『日和下駄』（一九一五年）を書き残しました。荷風が描いた、かつての東京の「芋屋」「路地裏の駄菓子屋」「路傍の井戸」「一筋の溝川《どぶがわ》」「小娘の弾《ひ》く三味線」「霊廟を囲む鬱然たる樹木」「際限なくつづく瓦屋根」などは、その多くがもう消えてしまっています。その消えてしまったものを訪ねる気分になって、ときどき荷風の『日和下駄』をひもときます。

荷風はだいそれた目的をもって歩くわけではない。なんということなく歩く。歩きながら、寺の多い山の手の横丁の木立《こだち》を仰ぎ、あるいは、掘割の上にかけてある小橋を見て、「そのさびれ果てた周囲の光景が私の感情に調和してしばし我にもあらず立去りがたいような心持ちをさせる」という体験をします。「そういう無用な感慨に打たれるのが何より嬉しい」というのです。

そのひそかな喜びのために、荷風はてくてくのそのそと歩き、歩くことでしか得られない「無用な感慨」を得たのです。でも、そのぶらぶら歩きは、無用ではなかった。明治・大正の東京の姿を活写し、いまなお、それを私たちに伝えてくれています。

「鬼平」の作家、池波正太郎も散歩好きの人でした。

池波は、フランスの俳優、ジャン・ギャバンの言葉を紹介しています。ギャバンは「人間はね、今日のスープの味がどうだったとか、今日は三時間ばかり、一人きりになって、フラフラ歩いてみようとか……そんな他愛《たわい》のないことをしながら、自分の商売で食っていければ、それがいちばん、いいんだよ」といっています。池波はこの言葉が大好きで、「散歩の醍醐味はこれにつきる」とさえ書いています。

池波は、夜ふけから朝まで仕事をし、正午近くに起きてから散歩をします。これが日課の散歩です。このときは、仕事のことが頭を占領している。歩いているうちに、登場人物の声が断片的に浮かんでくる。歩いているからこそ、ひらめくこともある。散歩をしているうちに次から次へと書くことが浮かび、帰宅するなりペンをとって、日中から翌朝にかけ、六、七十枚を書いてしまう、ということもあったそうです。

しかし本当にたのしいのは、ギャバンのいう、仕事ぬきの「フラフラ散歩」なのです。そういうときは、橋の中程で隅田川をながめ、ながめているうちに二時間を過ごすことがあるといいます。「仕事のことも家族のことも何も彼も忘れて、フラフラと歩む散歩の時間は、このようなふしぎさをたたえているものなのである。そして、こうした散歩の後では、気分もほがらかになり、体調もよくなるものなのだ」

たのしみながら歩くと、不思議に元気が湧いてくる。

仕事を捨てきれない散歩もあれば、仕事を捨ててぶらぶら歩く散歩もあります。

私たちの日常の散歩は、おおむね、この二つの型の混合形態ではないでしょうか。

私の場合も、ただなんとなくぶらつく歩きもあれば、アタマのどこかに原稿のことがひっかかっている歩きもある、あるいは、原稿のもやもやをふっきろうとする歩きもあります。

原稿がうまく書けず、頭が混乱してどうしようもないときは、机を離れ、原稿のことをきれいに忘れて歩くことにしています。木々の梢をながめながらゆったりと深呼吸をします。できれば広い公園に行き、車の心配のないところを歩く。

これは新聞社にいたときのことですが、どうしても筆が進まず、書けば書くほどアタマがこんぐらがってくるというときがありました。己の力量以上のことをしようとするときに起こる反応なのでしょう。いくら書き直してもうまくいかない。締め切りの時刻も気になって、あせればあせるほどうまくいかない。

そういうときは、よく新聞社のビルの地下二階へ行きました。かなり広い「体調室」がありま す。その部屋のなかをぐるぐる歩く。ストレッチをする。三、四十分、汗をかく。さて、部屋に 戻ると、自分で自分に驚いてしまうほど、軽く筆が動く。こんぐらがっていたものがほどけ、い い調子で書き上げることができます。全身運動によって体の中のとどこおりがほぐれ、脳の細胞 に元気がもどるからでしょうか。

歩くことです。

散歩でもいいし、買い物でもいい。郊外の山道を歩く。街の雑踏のなかを歩く。都心の地下道 を歩く。家々の庭に季節ごとに咲く白木蓮《はくもくれん》や金木犀《きんもくせい》に出あう。とにかく暮らしのなかで、できる だけたくさん歩く時間をもつことです。

歩いていて見たこと、聞いたこと、香ってきたもの、味わったものの数々が心に残っていれば、 それはいつか文章に現れてくるはずです。

歩くということと、「思いつき」を生む脳の働きには相関関係があるのでしょう。歩いていて 「書くことのヒントがひょっこり浮かぶ」ということが再三あります。

私も、ドリという名の愛犬と一緒に散歩をしながら、ふっとある発想がひらめくことがありま す。机に向かっていたのではとても浮かばないおもしろい発想(と、自分で思っているだけのもの)が湧いてくることがある。でも、書きとめておく紙もペンもない。急いでコンビニに飛びこみ、ボールペンを買い、もらった受け取りの紙の裏に走り書きをするということがあります。そうしないと、せっかく浮かんだ発想が溶けてなくなってしまうという年寄りの強迫観念があるのです。

それならはじめから筆記具を持って歩けばいいといわれそうですが、犬の散歩にわざわざ？というためらいがあって、次のときも持たずに歩き、またひらめき、またコンビニでボールペンを買うというおろかなことを繰り返しています。

「外に出て街を見たり、人に会ったりすることは大事だと思います。電車の中だったり、病院の待合室だったり、なんでもない場所でちらっと耳にした会話から、すうーっと、短編小説が浮かぶこともありますしね」

作家、宮部みゆきのこの言葉は、小説を書く場合のことをいっているのですが、エッセイ、自分史、レポートなどの場合も、十分にあてはまります。

宮部はまた、こう語っています。「日銀の広報誌のインタビューを受けたことがあるんです。古いほうの建物を見学させてもらったんですけど、日銀といえども中には給湯室もあれば、掃除道具を入れているところだってあるわけですよね。そこがどんなふうに使われているのかとか、わかると面白いなあと思いますし。……警察だって同じで、湯飲みを置く順番はあるのかな、とか」

掃除道具のあるところなんて、建物のなかを歩きまわらなければ発見できません。ミステリーの場合、事件は非日常だが、かかわる人は日常の暮らしをしている。だから意識して生活感のあることを描写しておきたいという思いが宮部にはあるようです。

歩けば日常の暮らしの細密な姿が見えてきます。その描写が、架空の世界になまなましさを運んでくれる、ということもあるでしょう。

エッセイや記録文を書く場合でも、「生活感のあるものの細密な描写」は文章に現実感を与えてくれます。歩けば、確実に足にあたってくれる棒があるのです。

歩くことは、大地という書籍を読むことです。大地は、都会の片隅に咲くナズナやハコべのたくましさを教えてくれます。コンクリートの道路を音もなく濡らしてゆく時雨の訪れを教えてくれます。

歩くことの効用を整理しておきましょう。

①歩くことは、世の中の新しいにおい、時代の空気を教えてくれる。歩くことで、なまなましい現実の姿を目にし、耳にし、文章を書く素材を得ることができます。

②書くことに苦しんでいるとき、歩くことでアタマがすっきりとし、机の前に戻ったとき、筆がなめらかに動くことがあります。

③アタマをからっぽにして歩いていると、これは、という思いつきがふっと浮かぶことがあります。その思いつきを大事にしましょう。

④ただひたすら歩くことをたのしむ、という機会を多くもちたい。そういう歩きこそが、私たちの心身に精気をもたらしてくれるのだと思います。

「日和下駄」『ちくま日本文学全集・永井荷風』筑摩書房、一九九二年
池波正太郎『男のリズム』角川書店、一九七六年
宮部みゆき・室井滋『チチンプイプイ』文藝春秋、二〇〇〇年
朝日新聞社文芸編集部編『まるごと宮部みゆき』朝日文庫、二〇〇四年

6　現場感覚をきたえる

「どういうつもりで物を書いたりしているのだ、と詰問されれば、どうしてもそこに自分で行ってみたくて、とこたえるしかない」
「私は自分で歩いて自分で見て、自分で触ったものだけを書いていたい」（江國香織）

この章の題に「現場感覚」と書きましたが、この言葉には違和感があるという人もけっこう少なくないでしょう。現場といえばふつう、大きな事件・事故のあったところ、建設作業中の場所、という感じをもつはずです。でも、ここでは、現場をもう少しひろく考えてみます。散歩の途中に寄った公園も現場だし、はじめて訪ねた北国の街も現場です。電車のなかも、デパートの地下食品売場も、野草の咲き競う山道も現場です。現場は、文章の無尽蔵の穀倉です。

自分の目で見て、自分の耳で聞いて、自分の体で触れて、自分で匂いを感じて、自分で味わって……そういう五感の営みをつづけることのできる場はみな現場です。

ただし、机のうえで想像しながら書いた描写にも、すぐれたものがあることは認めます。作家、中島敦は、南太平洋の西サモアを訪れたことがないのに、西サモアを舞台にした不朽の作品『光と風と夢』を書きました。作家、田宮虎彦は、足摺岬周辺を歩いたことがないのに名作『足摺岬』を書き上げています。天賦の才というほかはありません。

現場の空気がただよう文章を、現場感のある文章と私は勝手にいっています。

江國香織の作品には、現場感があります。かなり淡々とした筆致で、鋭く、こまやかに現場の個性を描いている。たとえばニューヨークについて、江國は書きます。

「真夏のあの街の、溢れる日ざし、豊かな緑。空気の粒の一つ一つが、びっくりするほどいきいきしている。大通りでは、果物をミキサーにかけてそのまま凍らせたようなアイスキャンディを売っていて、西瓜のそれには砕けた種まで入っている」

「真冬のあの街の、かわいた空気、幸福ないそぎ足。たくさんのあかり、コート、贈り物の包み、クリスマスソング。あたたかでみちたりた夜。愛という言葉がうさんくさくならないのが、真冬のあの街の底力だと思う」

ここには、ニューヨークという巨大都市の一つの断面があります。

「果物をミキサーにかけてそのまま凍らせたようなアイスキャンディ」の存在は、まさに現場です。「西瓜のそれには砕けた種まで入っている」というところには、現場感があります。

「幸福ないそぎ足」というのも現場です。ニューヨークは「皮膚で好きになった街」だと江國は書いていますが、街の音、街の匂い、街の気配、街の勢い、といったものがまじりあって創られている画面から、どういう具体的な事物をひきだすか、それが現場感覚の勝負どころです。

たとえばまた、江國の作品に、主人公がミラノの四階建てのアパートを訪ねる描写があります。

「建物に一歩入ると温度が三度くらいさがる気がする。日陰のような、土のなかのような、掘りたての野菜のような、独特の匂い。頑丈な二重扉がついていて、上下するたびに、なにかが壊れたのではないかと心配になるくらい大きな音をたてるのろまのエレベーター。

フェデリカに会うのは去年のクリスマス以来だ。

金属のドアがあくと同時に干した果物の匂いが流れてくる。壁いっぱいに吊《つ》るしてあるのだ。レモンやオレンジの皮、シナモン、丁字」

このわずかな描写のなかで、江國は匂いのことを書き、温度のことを書き、エレベーターの恐ろしげな音を書いています。感覚が解放されています。

現場感のある文章をさらに紹介しましょう。

あの『沈黙の春』を書いたレイチェル・カーソンは、その著『センス・オブ・ワンダー』のなかで、アメリカ・メイン州の別荘で見た「夜の海」のことを書いています。

「夜ふけに、明かりを消したまっ暗な居間の大きな見晴らし窓から、ロジャー（幼い甥）といっしょに満月が沈んでいくのをながめたこともありました。

月はゆっくりと湾のむこうにかたむいてゆき、海はいちめん銀色の炎に包まれました。その炎が、海岸の岩に埋まっている雲母のかけらを照らすと、無数のダイヤモンドをちりばめたような光景があらわれました」

「このようにして、毎年、毎年、幼い心に焼きつけられてゆくすばらしい光景の記憶は、彼が失った睡眠時間をおぎなってあまりあるはるかにたいせつな影響を、彼の人間性にあたえているはずだとわたしたちは感じていました」

そうです。「夜の海」という現場に身を置くことは、はかりしれない大切なものを幼い心に焼きつけてくれるのです。

満月が沈む。無限大の彼方からひとすじ、銀の帯が押し寄せてくる。「いちめん銀色の炎」です。文章を読んで、読み手の心は現場、つまりメイン州の真っ暗な海辺の別荘地にはげしく吸い寄せられます。

カーソンは幼い甥を連れて雨の森にもゆきます。

「スポンジのように雨を十分に吸いこんだトナカイゴケは、厚みがあり弾力に富んでいます。ロジャーは大よろこびで、まるまるとしたひざをついてその感触を楽しみ、あちらからこちらへと走りまわり、ふかふかした苔のじゅうたんにさけび声をあげて飛びこんだのです」

カーソンは幼い子に教えることをせず、自分自身が、自然の神秘に驚きの声をあげる。心底からの驚きが幼い子の驚きを呼び起こすということを知っているからでしょう。

大人に驚きのこころがなくては、子どもに驚きのたのしさを味わわせてやることはできません。

一転して、次は戦時下のベトナムを舞台にした文章です。

作家、開高健は『輝ける闇』で公開死刑の情景を描いています。処刑されたのは、土に汚れたはだしで立つベトナムの少年でした。ベトコンに協力していた、という理由で銃殺刑になるのです。

「一〇人の憲兵の一〇梃《ちょう》のカービン銃が一人の子供を射《う》った。子供は膝を崩した。胸、腹、腿《もも》にいくつもの小さな、黒い穴があいた。それぞれの穴からゆっくりと鮮血が流れだし、細い糸のような川となって腿を浸し、舗石へしたたった。少年はうなだれたまま声なく首を右に、左に、ゆっくりとふった。将校が近づいて回転式拳銃をぬき、こめかみに一発射ちこんだ。血が右のこめかみからほとばしった。少年は崩れおち、柱から縄で吊《つる》され、うごかなくなった。頰と首が真紅の血に浸り、血は長い糸をひいて鼻の頭から錘《おもり》のように舗石へ墜《お》ちていった」

「私」の目は、処刑の一部始終を冷静に見つめているだけでなく、見物にきた少女たちの、一見、はしゃいでいるような姿を描き、さらに、処刑前、うどんを食べたり、ジュースを飲んだりしながら待つ群衆の姿をとらえています。

作品のなかの「私」は、処刑を見たあと、膝がふるえ、胃がよじれ、もだえ、嘔気《はきけ》がこみあげます。翌日また、少年の処刑がある。そして、二回目の処刑を見た「私」は、「汗もかかず、ふるえもせず、嘔気も催さなかった」。それが人間の常なのかどうか。こういう変化は、二度、処刑の現場に立ち会ってはじめて書けるものなのか。

開高健はベトナムの現場で石炭酸の匂いを書き、なにやら得体のしれぬものの腐臭を書き、処刑終了のラッパの呻《うめ》きを書き、自分の手足のふるえを克明に書いています。人間の恐ろしさ、人間の弱さ、人間のいい加減さ、人間のむごさ、人間の業、人間のどうしようもないおろかさ、そういうものを開高はひたすら見すえています。自分もまた、そのおろかな人間の一人であるというらだたしい思いを持て余しながら戦争の現場を書いています。

現場を書くうえで大切なこと。

①視覚だけではなく、嗅覚、聴覚、触覚、味覚など全感覚を鋭くはたらかせて書く。

②現場での「驚き」が伝わってくるような文章を書きたい。ただ、その思いが強すぎて、過大な表現になってはいけない。

③細密な描写を心がける。開高健の処刑の描写はあまりにも細密で目をそむけたくなりますが、それこそが戦争の現場なのです。

④現場では、人の見ないものを見る努力をすること。

江國香織『泣かない子供』大和書房、一九九六年
江國香織『泣く大人』世界文化社、二〇〇一年
江國香織『冷静と情熱のあいだ』角川文庫、二〇〇一年
レイチェル・カーソン著、上遠《かみとお》恵子訳『センス・オブ・ワンダー』新潮社、一九九六年
開高健『輝ける闇』新潮文庫、一九八二年

7　小さな発見を重ねる

「どんな小さなことでもいい。毎日何かしら発見をし、『へえ、なるほどなあ』と感心をして面白がって働くと、努力も楽しみのほうに組み込むことが出来るように思う」

（向田邦子）

この向田邦子の言葉は、実をいうと、文章のことについていったものではないのです。女性が職業をもつ場合、義務感だけで働いていると、顔つきが険しくなる。楽しんでいないと態度にケンが出る。だから、楽しみながら働いたほうがいい、と向田は考えていました。冒頭の言葉は、いわば働く女性への忠告です。

小さなことでもいい。「へえ、なるほどなあ」と感心し、それを面白がって働いたほうが、心に余裕ができる。だから、一日に一つ、面白いことを見つけて、真剣半分、面白半分で働こう。この言葉は、向田が、自分自身にも言い聞かせているふしがあります。

直接、文章に関連した言葉ではないけれど、この「日々、小さな発見をする」ということは、文章を書く上でも大切な心構えになると思うのですが、いかがでしょう。

向田は、「神は細部に宿りたもう」という言葉を自分でもエッセイに引用していますが、細密なことに目を止め、それを描くことで、人生そのもの、世間そのものを描いてしまうという手法にすぐれた人でした。

日々の暮らしのなかからなにか小さなことを発見し、「へえ、なるほどなあ」と感心し、おもしろがり、そのことを文章にする。そんな習性が体にしみこんでいた人のようです。たとえば、スキー場の山小屋で会った犬の目のことを書いています。

劇的なことはありません。ただ、その犬が食事中の泊まり客のそばで、真剣な目で肉の切れ端をせがむというだけの話ですが、向田の筆にかかると、このできごとが、みごとな情景描写をともなって、心に残る話になります。

その雑種犬は、ブタ汁の碗を手にした向田のそばに来て、のどをごくりと言わせながらすり寄ってくる。

「もうやろうかな、と思いました。でも私は、我慢してもう少し噛んでみました。彼は、体をやわらかく私のひざにもたせかけるようにして、もう一度クウとのどをならしました。そのまっ黒い目は、必死に訴えていました。私は遂に負けて、肉を吐き出しました。こうして、私は三個ばかりの肉をみんな、彼にとられてしまいました」

結びはこうなる。

「生きるために全身全霊をこめて一片の肉をねらい、誰に習ったわけでもないのに全身で名演技をみせたあの犬の目を、私は時々思い出して、いま私は、あれほど真剣に生きているかな、と反省したりしているのです」

山小屋で、犬の目を見たとき「これは書ける」と思ったかどうかは知りません。しかし少なくとも、その犬の、必死に訴える黒い目を見ているうちに、ひらめくものがあったのでしょう。「小さな発見」です。その目が語りかけるものを、しさいに観察し、その様子を胸のポケットにきちんとしまいこんだことは確かです。

「ゆでたまご」という作品があります。四百字の原稿用紙で三枚ほどのごく短いものですが、この小品で、向田邦子は「愛のかたち」をみごとにとらえています。

小学校の同級生に片足の悪い女の子がいました。その子は片目も不自由でした。遠足のとき、級長だった少女・邦子のところに、その子のお母さんが風呂敷包みをさしだすのです。「これみんなで」と小声で繰り返しながら押しつけていった。ねずみ色の汚れた風呂敷でした。なかに、古新聞に包まれた大量のゆでたまごがありました。足の悪い自分の子は、遠足の道すがら、さぞみんなに迷惑をかけることだろう。「お世話になります」という気持ちのこもったゆでたまごだったのです。そういう母親の姿を、小学生の邦子はしかと見つめています。

同じ子が運動会で走りました。残念ながら一人だけ取り残されます。その子が走るのをやめようとしたとき、女の先生が飛び出し、一緒に走りだしたのです。やっとゴールインした子を抱きかかえるようにして校長のいる天幕のところに連れていってやる。ほうびの鉛筆が手渡されます。その光景を、少女・邦子はやはりしかと見守っていたのです。

才能にあふれたシナリオライターは、日々、心のポケットに、その日の「小さな発見」をしまいこみ、それらを大切に貯めていたのでしょう。生活の瑣事に強い好奇心をもち、瑣事のなかに人生の宝物を見つけることの天才でした。

その底にあるのは、本質を見る目の深さです。遠くを見る力をもった人がいます。野球選手のイチローのように、動体視力に秀でた人もいます。向田邦子のように、ものごとの本質を深いところでとらえる視力のことをなんといったらいいのか、作家や詩人には、そういう深い洞察視力をもった人が多いようです。

文章を書くうえで、この洞察視力は実に大事だと思いますし、この視力は、きたえればきたえるほど強まってゆくものだといえるでしょう。

向田邦子『男どき女どき』新潮文庫、一九八五年

Ⅱ　さあ、書こう

1 辞書を手もとにおく

「『作文教室』に辞書を持たずにいらっしゃるというのは、大胆不敵というか、関ケ原の合戦に槍《やり》や刀を全部置いて丸腰で駆けつけるようなものです」（井上ひさし）

岩手県一関市で行われた作文教室での発言です。井上ひさしは、教室に辞書をもってこない人が多いのを知って、辞書なしに文章を書こうというのは、車がないのに運転しようというようなものだ、とも忠告します。

辞書には実にいいことが書かれているという例として、井上ひさしはこんな話を書いています。「うとうと」と「うつらうつら」とはどう違うのか。どちらも半分寝たり半分起きたり、半覚半睡の状態だなということはわかる。でも文章を書くときにどう使い分けるか。

そこで、辞書をひく(この場合の辞書は大野晋・田中章夫編の『角川必携国語辞典』です)。「うとうと」は、眠りのほうに重点があり、浅くても短くても心地よい、と出ている。「うつらうつら」のほうは反対に、覚めているほうに重点があります。寝たいんだけれど覚めている。熱が出ているとか、心配ごとがあるとかで、なかなか寝つけない。そんな状態を「うつらうつら」といいます。それが井上ひさしの説明、いや国語辞典の説明です。なるほど、そうなのか、ひとつ利口になったなと思いました。

文章を書きながら、迷うことがたくさんあります。

「あの人のトクチョウは？　というときの文字は、特徴か、特長か」「犯人をツイキュウする、というときは追及か、追求か」「利潤ツイキュウの場合はどちらか」。こういうときは、国語辞典や用字辞典もありますが、新聞社が出版している「用語の手引」も便利です。私は『朝日新聞の用語の手引』を使っています。『手引』にはこうあります。

特長＝特別な長所。特徴＝特に目立つ点。

「チャンスに強いのがあの選手の特長だ」というように、特長は、長所、いい点をあげるときに使う。特徴の場合は、「酒屋さんが多いというのがこの街の特徴」というように、いい悪いとはべつの基準で「目立つ点」をあげるときに使います。「追及」は追い詰めることで、犯人追及、責任追及と書きます。利潤のツイキュウは追求と書きます。「追求」は追い求めることで、目的を追求というときにも使います。真理のツイキュウとなると、これは追究で、日本語のあれこれを追究するのはなかなか大変だ、ということがおわかりだと思います。

私の机上には『逆引き広辞苑』という便利な辞典もあります。いってみればこれは「言葉を探すための辞典」です。どうやって言葉を探すのか。天気が定まらず、晴れたかと思うと雨が降り、降ったかと思うとまた晴れる、というときがあります。こういう雨をなんというか。

ふつうの辞書で「あめ」をひいても、答はでてきません。雨が単語の終わりにでてくる場合の言葉は探しにくい。こういうとき、逆引き辞典が活躍します。まず「あめ」を逆さにして「めあ」と読み、「めあ」のところをひきます。そうすると、そこには「あめ(雨)」の項目があり、「小糠雨《こぬかあめ》」「秋の雨」「朝雨」「梅の雨」「鉄砲雨」というように、「雨」が単語の最後につく言葉がたくさん並んでいます。そのなかに、「照り降り雨」というそれらしい名前がある。これだと見当をつけて普通の国語辞書をひくと、正解でした。逆引き辞典の「雨」についての言葉をさらに読むと「花の雨」「若葉雨」「そぞろ雨」「しぶき雨」「涙雨」など、いい言葉がたくさんでてきて、思わぬ勉強になります。日本人が「雨」に関して、どんなにたくさんの言葉を使ってきたかということがわかります。

この「逆引き辞書」のおかげで、言葉を探すのがずっと容易になりました。

役立つ辞書に『類語辞典』というのもあります。

バラの香りにつつまれたときの気分を書く、とします。たとえば「この白いバラが狭い庭に咲き乱れるころは恍惚《こうこつ》に似た気分になる」と書いて、待てよと思います。「恍惚」はいくらなんでも少し過剰な表現だろう。「恍惚」を「陶然」に変えてみるが、これもしっくりこない。もう少しかろやかな表現にしたい。それには、恍惚、陶然という漢語よりも和語(やまと言葉)のほうがいい。手もとの類語辞典(この場合は『三省堂類語新辞典』中村明主幹)で「恍惚」を引いてみます。めろめろ、惹かれる、魅せられる、心を奪われる、夢中になる、惑うなど、たくさんの言葉が並んでいます。「熱に浮かされる」という言葉もある。「浮かされる」から「浮き立つ」を連想します。「浮き立つ」は平凡な言葉だが、恍惚よりはいい。これでいこう。まあ、そんな手順で「ちょっぴり浮き立つ思いになる」と書く。

私は、類語辞典で言葉の森をさまようのがけっこう好きで、おろかにも何冊も何冊も類語辞典をかかえこんでいます。明治四十二年初版の『日本類語大辭典』(講談社)などという辞典も書棚にあります。これがおもしろい。

試みに「あいす(愛)」をひくと、「かはゆく思ふ」とあり、以下、いとほしむ、めづ、うつくしむ、いつくしぶ、うるはしむ、あはれむ、かなしむ、かはゆがる、いとほしがる、となつかしい言葉が並びます。演歌の歌詞を考えるときは役立つかもしれない。

作家、浅田次郎が「辞書」のことを書いています。

「(私は)常に自からよろこんで学び続けてきた。今も読み書くことに苦痛を覚えたためしはない。その力の源泉はすべて、母があの日、『えらい、えらい』と泣きながら私に買い与えてくれた、三冊の辞書である」

東京オリンピックの前年、少年次郎は、私立中学を受験するといいはって、働く母を困らせます。生家は数年前に没落していました。が、母は結局、次郎のわがままを聞いてくれました。中学の試験には合格しました。母と子は一緒に発表を見にゆき、母は学用品を山のように買ってくれます。

「小さな辞書には見向きもせず、広辞苑と、研究社の英和辞典と、大修館の中漢和を買い揃《そろ》えてくれた。おかげで私はその後、吊《つ》り鞄《かばん》のほかに三冊の大辞典を詰めたボストンバッグを提げて通学しなければならなかった」

その母は七十三歳で亡くなりました。母の、遺された書棚には浅田次郎のすべての著作が並び、小さな国語辞典と、ルーペが置かれてあったそうです。

浅田は書いています。「あの日から、三冊の辞書を足場にしてひとり歩きを始めた私のあとを、母は小さな辞書とルーペを持って、そっとついてきてくれていた。そんなことは、少しも知らなかった」と。

辞書は、生涯の師です。私自身、いつも手もとにある、いちばんよく使う一冊の辞書を手にし、手垢で真っ黒になっている小口《こぐち》をさすりながら、なんというたくさんのことを教えてくれたものかという感慨にふけることが少なくありません。

この章のまとめです。

①いつもかたわらに辞書を置き、こまめにひく習慣をつくる。

②辞書で言葉調べのたのしさを味わう。

③新聞社がだしている「用語の手引」や、そのほかの「類語辞典」「逆引き辞典」などたくさんの種類の辞書をおおいに活用する。

井上ひさしほか『井上ひさしと141人の仲間たちの作文教室』新潮文庫、二〇〇二年

浅田次郎『ひとは情熱がなければ生きていけない』海竜社、二〇〇四年

2　肩の力を抜く

「何も書くことがなかったら、その日に買ったものと天気だけでもいい。面白かったことやしたことがあったら書けばいい。日記の中で述懐や反省はしなくてもいい。反省の似合わない女なんだから。反省するときゃ、必ずずるいことを考えているんだからな。百合子が俺にしゃべったり、よくひとりごといってるだろ。あんな調子でいいんだ。自分が書き易いやり方で書けばいいんだ」

（武田泰淳）

いい文章を書くために必要なことは、まず書くことです。当たり前のことですが、書かなければ、なにも起こりません。

そんなことといったって、書く材料がない日もあるよとあなたはいうでしょう。忙しくて時間がとれない、という人もいるでしょう。だめな理由、できない理由ばかりをあげる前に、たった一つの、いま自分にできることからはじめる。一行でもいい。「とにかく書く」ことです。「きょうも雨」でもいい。「久しぶりに牛丼を食べた」でもいい。その日にあったこと、いやだったこと、おもしろかったこと、友人の話、なんでもいい。まず書く。そこから出発しましょう。

肩に力の入っていない（ようにみえる）文章といえば、武田百合子の『富士日記』『日日雑記』などの作品があげられます。一九六〇年代、富士山麓に建てた山荘で、作家、武田泰淳は、妻の百合子に日記を書くことをすすめます。そのときにいったのが、冒頭の言葉です。「書き易いやり方で書けばいいいんだ」というのです。ふだん着のままで、肩に力を入れない状態で書いてみたらどうか、というすすめです。

百合子は外出して山荘に戻ると、夫にこういったりします。「とうちゃん。無量庵の電信柱のところに真白な犬の糞がある。何食べるとあんな真白なのが出るんだろう」

たとえばの話ですが、そんな、なにげないおしゃべりをそのまま書き留めればいいんだと夫はいい、妻は「それならまあ、書いてみようか」という気持ちで、夫のすすめにのります。夜の時間はたっぷりある。退屈しのぎに日記帳をひろげます。

その雑記の数々が、後に出版され、たくさんの人に読まれることになります。最初から「後世に残るいいもの」を書くつもりで書いたわけではない。犬の白い糞を見た、あれはなんだ、といったようなことを書くんですから、肩に力が入るはずもない。肩に力が入らない文章にはおのずから書き手の素顔がみえてきます。作家である夫は、妻の、潜在的な作文力を見抜いていたのでしょう。妻の観察力のこまやかさ、感受性のゆたかさなどに、泰淳が気づいていないはずはない。

だからこそ、日記をすすめたのでしょう。

武田百合子の日記や雑記が人によく読まれるのは、日常の世界の、どうということもないことも、ちょっとおかしなことも、すべてがさりげなく、妙に詳細に書かれていて、読むほうも気楽な気分になれるからでしょうか。たとえば百合子は、夫の死後、同じ別荘地にある作家、大岡昇平の家を娘さんと訪ねます。

「沢山飲んで、すっかり面白くなってしまった。話がとぎれたとき、大岡さんは、『この机さ。一枚板《いちまいいた》なんだよ。おれ、張ってあるのかと思ってたら』と、テーブルを長い白い指を揃えた手の平でさすりながら言われた。この間、大岡さんは、年とるとつまらないねえ。せっせと原稿書いたって、パジャマばっかり買ってるんだ。パジャマ買ったって嬉しくなんかねえよお、と言っておられた。文士はやっぱり机のいいのを買うと嬉しいのだ。

道のまん中をゆっくり歩いて帰った。右の真黒な林の中から灯りが洩れ、笑い声がどっと流れてくる。月夜でいい気持だ。

〽おはなばたけで恋をしてェ……と歩きながら歌いながら踊ると、してェ……のところで、ぐにゃりと曲る足つきがカワユイとH(娘さんのこと)が笑いころげて喜んだ」

とくに重大なことは書いていないのですが、ものを見る、ものを聴くというときの武田百合子の感受性は実にゆたかで、その様子を再現する描写力も尋常なものではないということに気づきます。

掌で机の表面をさすったり、パジャマばっかり買ったって嬉しくねえよお、といったりする大岡昇平の姿、歩きながら踊る母を見て笑う娘の姿などが的確に浮かび上がります。しかも、どことなくおかしくて、どことなく品格のある文章なのです。

作家、川上弘美は、「元気出ないなあと思うときが人生にはままあって、そういうときはたいがい自分で勝手に『元気出ない回路』というところに入りこんでいる」と書いています。そういうとき、夜中じゅう、武田百合子の『富士日記』を読む。この本は「元気出ない回路にはまってしまったときには、特にありがたい本」なのだそうです。

川上はさらに書く。「特別に面白がったり特別に悲しがったりするのでない、武田百合子は、どんなこともあるように感じて、あるように書く。

自分の中にある、へんな、思い込みみたいなものにからめとられなくてもいいんだよ、と武田百合子は言っているように思える。起こったことは起こったことなんだから、それを感じるとおりに感じていればいいんだよ、と言っているように思える」

武田百合子の『富士日記』を読むことで、川上は「元気出ない回路」から抜け出すことができる。この本はそういう、ふしぎな力をもっているようです。

武田は来るものを拒まずに、すなおに受け入れ、肩の力を抜いて書く。一種の名人芸です。たぶん、公表するときは、推敲に推敲を重ねる、ということもあるのでしょう。でも、苦労の跡を残さない文章です。

作家、宇野千代もまた、文章を気楽に書きはじめることをすすめています。実に懇切な言葉で、こう書いています。

①毎日、机の前に坐る。坐る、という姿勢があなたを規制します。

②なんでもいいから、書く。間違っても「巧《うま》いことを書いてやろう」「人の度胆を抜くようなことを書いてやろう」などと思ってはいけない。

③最小限度の単純な言葉で、あなたの目に見えたこと、あなたの耳に聞こえたこと、あなたの心に浮かんだことを書く。素直に、単純に、そのままを書く。

宇野は書いています。「繰り返して言いますが、書く前に坐ることです。小説は誰にでも書けるが、毎日、どんなことがあっても坐ると言うことは、誰にでも出来ることではありません。……坐ると、昨日まで自分の考えたこと、書いたことをぱっと思い出す。つまり、昨日までのあなたの技術と、今日これから書く技術とがつながるのです」

さらに。「毎日坐って、坐ってから考えるのです。何を書くか、どえらいものを書こうとしてはいけない。肩の力を抜いて、ただ、頭に浮かんだことを正確に書くのです」

宇野によれば、これが第一段階の練習です。坐って、肩の力を抜いて、あなたの見たこと、考えたことを正確に書く練習をすること、これは、文章を書きはじめようという人に対する、実に適切で、実に実用的な忠告だと思います。

宇野千代のすすめに従って、毎日とにかくなにかを書く、ということをはじめましょう。肩の力を抜いて。

武田百合子「絵葉書のように」、週刊朝日編『私の文章修業』朝日新聞社、一九七九年
武田百合子『日日雑記』中央公論社、一九九二年
川上弘美『あるようなないような』中央公論新社、一九九九年
宇野千代『百歳ゆきゆきて』世界文化社、二〇〇二年

3　書きたいことを書く

「デビュー前、私は何かに取り憑《つ》かれたように、ただもうがむしゃらに、インターネット上に言葉を書き続けてきた。なぜあんな切実さで、自分の言葉をデジタルな画面に叩《たた》きつけていたのか、正直なところ本人の私にもわからない」　（田口ランディ）

書きたくて書きたくて、ただもう言葉があふれてくる、ということがあなたにもあるはずです。田口ランディはそういう勢いのままに、インターネット上に言葉を書き続けてきました。自分のなかに渦巻いている何かをとにかく伝えたい、と本当に心からただそれだけを望み、願い、書き続けてきた、と書いています。

田口の作品には、ある種の疾走感があって、これは、ものすごい速さでパソコンに言葉を叩きつけているからなのかなと思いました。

胸の奥深くに沈潜していたものが、すごい勢いで噴き出てくる。その勢いが、疾走感のある文章を生んだのでしょう。冒頭の文章はさらに続きます。

「何かを伝えたいと思っていた。

自分のなかに渦巻く何かをとにかく伝えたい、と、本当に心からただそれだけを望み、願い、書き続けていた。

その私の言葉を、インターネット上で五万人が読んでくれるようになった頃に、私は作家としてデビューした。私にとって、これはやはりコミュニケーションの奇跡だ。働きかけたのは私だ」

この作家には「何かに取り憑かれたように、ただもうがむしゃらに」書きたいことを書きつづけるだけの体験が心の奥深くに渦巻いていたのです。


あなたにも、心の奥深くにあったものが恐ろしい勢いで噴き出てくる瞬間があるでしょう。挫折したり、裏切られたり、大切なものを失ったり、恋に落ちたりというとき、たぶん、たくさんの言葉が湧いてくる経験がきっとあったはずです。

先人の恋文を見るというのはなにか後ろめたい気がするのですが、言葉があふれてくるときのことを知る意味で、失礼ながら拝見いたしましょう。

あの芥川龍之介の恋文です。

「……どんな目にあつても、文《ふみ》ちやんさへ僕と一しよにゐてくれれば僕は決して負けないと思

つてゐます　これは大げさに云つてゐるのでも　何でもありません　ほんとうにさう思つてゐるのです　前からもさう思つてゐました　文ちやんの外に僕の一しよにゐたいと思ふ人はありません　文ちやんさへ、今の儘でゐてくれれば　今のやうに自然で、正直でゐてくれれば　さうして僕を愛してさへゐてくれれば
何だか気になるから　きききます　ほんとうに僕を愛してくれますか
この手紙は　文ちやん一人だけで見て下さい　人に見られると　気まりが悪いから」
（大正六年四月十六日、塚本文宛）

申し訳ない、という気持ちのまま、もう一通、紹介しましょう。
「何だかこれを書いてゐるのが間だるつこいやうな気がし出しました　早く文ちやんの顔が見たい　早く文ちやんの手をとりたい　さう思ふと二週間が眼に見えない岩の壁のやうな気がします
今　これを書きながら　小さな声で『文ちやん』と云つて見ました　学校の教官室で大ぜい外の先生がゐるのですが　小さな声だからわかりません　それから又小さな声で『文子』と云つて見ました　文ちやんを貰つたら　さう云つて呼ばうと思つてゐるのです　今度も誰にも聞えません隣のワイティングと云ふ米国人なぞは本をよみながら居睡りをしてゐますさうしたら急にも

つと大きな声で文ちやんの名を呼んで見たくなりました　尤も見たくなつた丈で実際は呼ばないから大丈夫です　安心してゐらつしやい

唯すぐにも文ちやんの顔が見たい気がします　ちよいとでいゝから見たい気がします　それでそれが出来ないからいやになつてしまひます」　（大正七年一月二十三日、塚本文宛）

高く、光り輝く芥川龍之介ではなく、ここには、私たちとほぼ同じ背丈の、恋する青年がいます。あふれてあふれてとまらない言葉をひたすら便箋にしたためている若者の思いが素直に伝わってきます。

昔、朝日新聞社の特派員としてニューヨークに派遣されました。初めのころは単身赴任でマンハッタンに滞在していました。

夜、ニューヨークタイムス・ビルのなかの朝日新聞社支局に居残り、各地からくる通信社の情報を読む一方で、テレックスを打つ練習をしていました。

テレックスというのは、英文タイプと電報を組み合わせたようなものです。ニューヨークのオフィスでローマ字の文章を打つと、それがテープに記号化されて東京の本社に送られる仕組みです。むろん練習中のテープは東京に送りません。ふと、気づくたびに、膨大な量のテープが足元にとぐろを巻いていました。

深夜、ひとけのないオフィスにいて、街で見たこと、聞いたこと、感じたこと、つまり「ニューヨーク雑感」を書く。あるいは故郷の家族への想いを書く。あとからあとから言葉が湧いてくる。ニューヨークという街の夜を「Ｓａｄ　Ｂｅａｕｔｙ」と形容した人がいました。摩天楼の夜景をひとことでいえば、そういう表現になるかもしれません。恐ろしいほど刺激的で、恐ろしいほど猥雑で、そして恐ろしいほどの疎外感に襲われる街です。マンハッタンのビルやホテルの一室に独りでいると、知らない人の電話番号でもいい、とにかく数字をまわしてだれかの声を聞きたくなるんだ、といった人がいました。

いまも思うのですが、深夜のニューヨークのビルの一室で、毎晩毎晩、あとからあとから湧いてくる言葉をテレックスに打ち続けたというような経験は、あのときのほかはありません。あの時のテレックスのテープを捨てずに取っておいたらと思うのですが、残っていたら、とても恥ずかしくて読みつづけることはできなかったでしょう。あれはしかし、まぎれもなく、またとない文章修業の場でした。

心に浮かぶ雑感を書き、すぐに捨てる。影も形も残さない。テレックスのテープをゴミ箱に捨てながら、「伝える」というコミュニケーションを抜きにした文章に、なにやらいさぎよさを感じていたのも事実でした。

なにかを失ったとき、強い疎外感をもったとき、心に傷をおったとき、思いのたけを書きたい、書いておきたいという衝動が起こる場合があります。書きたいという気持ちは、喪失感の深さに応じて深くなるようです。

逆に、産まれてきた生命の泣き声を聞いたとき、力を出し切って貴重なものを得たとき、あるいは、若草色に輝く海を前にして声もなくたたずむとき、なにかが勢いよく噴き出てきて、とめどなく文章が生まれてくることもあります。あなたにも、きっとそういう瞬間があったことでしょう。

手紙でもいい、日記でもいい、書いて、言葉が止まらなくなるときは、ためらうことなく、書きつくすことです。だれかに見せる場合でも、見せない場合でも、書いて書いて書きなぐることです。そこに文章修業の一つの道があります。日記、手紙、同人誌……なんでもいい。田口ランディの場合は、インターネットというコミュニケーションの手段によって、書くことと伝えることが同時に可能になる道を切り開いた、というところがきわめて新しい。

田口ランディ『神様はいますか』新潮文庫、二〇〇五年
『芥川龍之介全集(一〇)』岩波書店、一九七八年

4　正直に飾りげなく書く

「少年時代の文章は……生半可《なまはんか》なことを分りもしないで書き立てるよりも、自分の思つたこと、感じたことを、すなほに、正直に書くのが一番好い。文章の練習としてはそれが一番である」

（夏目漱石）

この文章は明治時代の雑誌『新国民』に掲載されたものですが、「談話」とあります。記者が取材して「談話」としてまとめたものでしょう。そのことを頭にいれたうえで読んでもらいたいのですが、漱石はさらに、こういっています。

「自分の思つたこと感じたことを素直にさへ書いて居れば、その中《うち》には文章が上達して来るし、思想も次第に固つて来るから、思想文章共に揃つた名文も書けるやうになるのである。それが何よりの文章を練習する一番好い方法である」

誤解のないようにいっておきます。これは、これから文章の習練に励もうと思っている人を対象にしていっていることです。あるいは初心に帰って、もう一度、文章をイロハから勉強したいという人にいう言葉でしょう。

思ったこと、感じたことを正直に書いてさえいれば、だれでも、自然に名文が書けるようになれるというのではない。文章を練習するには、素直に、正直に書くことを積み重ねることが大切ですが、むろんそれだけではいけない。いい文章を書くために必要なのは「思想」だ、とも漱石はいう。思想というのは「ものの見方」とか「考え方」とか「見識」とか、そんな意味でいっているのでしょうか。

「一口に文章と云つても、単に字句を連ねると云ふことと思つては大きに間違ふ。文章と云ふと、その中に含まれた内容が大切である。或る場合には、その内容に依つて文章の価値が何《ど》うにもなるのだ。だから、文章を学ばうとする人々は、文章を稽古すると同時に、先づ思想を養ふことが大切である。では、その思想を養ふには何うしたら好いかと言へば、実際に触れることゝ、読書することである」

漱石は別の機会に「見識」という言葉を使い、見識とは、深く考え、深く修め、深く読んで形づくられていくものだといっています。人生経験を積み、あらゆることをよく考え、たくさんの本を読む。そういう道をきちんと歩んでゆけば、思想も深くなり、いい文章が書けるようになる、というわけです。本を読むことの大切さは、前に書きました。

人生経験を積むことと文章修業の関係は、実に大切なことなのであとでまた皆さんと一緒に考えたいと思っています。この章の主眼は、あくまでもすなおに、正直に書くことからはじめようということです。

漱石がすなおに、正直に書くことをすすめた背景には、いわゆる美文調の文章に対する反発があったからでしょう。昔からの成句を並べ、きらびやかな漢字で飾りたて「どうだ、これこそ名文だぞ」と胸を張っているような文章をまねてはいけない。それよりも自分の見たこと、感じたことを写生的に書く練習をしなさいと漱石はいっているのです。

昔の、きらびやかな漢字で飾りたてた文章、というのは、たとえば、次のようなものです。美文調の文章のなかでは、きわめて質の高いものだと思いますが、ただ、いかにも難しい。

「路は両山の間を盤回して、巨杉《きょさん》天を刺し、渓水徐々として流るるに、幽趣掬《きく》すべく、ゆく先如何にゆかしかるらむと、行くこと十数町にして、はや峰の上に出でたり」

「山間は蒼然たる暁色《ぎょうしょく》に罩《こ》められて、日光僅に西川の巓《いただき》に上る」

「行くべき路なくして、鶺鴒《せきれい》の如く水中の巌石を伝い、猿の如く崖腹を攀援して、辛うじて樵《しょう》径《けい》を得たるかと思えば、菅茅《かんぼう》露を帯びて人の裳裾《もすそ》を沾《うる》おし、困難言うべからず」

私は、子どものころ、父が読んでいた本を拾い読みして、こういう美文調にほんのちょっぴり親しんでいたので、まあ、なつかしい感じがしないではないのですが、やはりいま読むと「なぜこんな難しい字を使わなくてはならなかったのか」という気がします。「幽趣掬すべく」とか「鶺鴒の如く、猿の如く」というような、紋切型の表現も多い。

この文章と比較する意味で、漱石の『草枕』の一節を紹介しましょう。

「山路を登りながら、かう考へた。智に働けば角が立つ。情に棹させば流される。意地を通せば窮屈だ……」の出だしのあと、こういう文章があります。

「立ち上がる時に向ふを見ると、路から左の方にバケツを伏せた様な峰が聳《そび》えて居る。杉か檜《ひのき》か分からないが根元から頂き迄悉《ことごと》く蒼黒い中に、山桜が薄赤くだんだらに棚引いて、続《つ》ぎ目が確《しか》と見えぬ位靄《もや》が濃い。少し手前に禿山が一つ、群をぬきんで丶眉に逼《せま》る。禿げた側面は巨人の斧《おの》で削り去つたか、鋭どき平面をやけに谷の底に埋めて居る。天辺《てっぺん》に一本見えるのは赤松だらう」

ここには「幽趣掬すべく」といった美文調の表現はありません。声を出して読んでみて、意味がすんなりとわかる。「バケツを伏せた様な」とか、「巨人の斧で削り去つた」とか、非常にわかりやすい、絵画的な比喩が使われています。自分の見たこと、感じたことを正直に書く、というのはこういうことなのでしょう。

写生といっても、ただ見たままを書いていたのでは上達はない。大切なのは「解釈だ」と漱石はいいます。自分を解釈する。人を解釈する。天地を解釈する。その解釈する力が他の人と違っていれば、そして他の人の解釈よりも深ければ、すぐれた文章が生まれる可能性がある。

いい文章かどうかは、その人が字をたくさん知っているかどうかできまるのではない。「奇麗な言葉を陳列する」ことができるかどうかできまるのでもない。なにかを観察し、解釈するとき、その観察や解釈がより深いかどうかによってきまる。解釈が上品ならば自ら上品な文章ができる。おおざっぱにいえば、漱石はそう主張していました。この主張はいまも十分に通用すると思います。

①私は、いわゆる「美文調」の文章にも、ある種の懐古的なおもしろさを感ずるものですが、それはそれとして、ごくふつうにエッセイ、記録、報告などを書く場合は、難しい漢字、難しい形容詞を使って文章を飾りたてることはやめたほうがいい。

②あるものごとを書くには、その人の観察力、解釈力がものをいう。なんども繰り返しますが、いい文章を書くには、それらの力を強めてゆくことが必要になる。

「文話」『漱石全集(二五)』岩波書店、一九九六年
大町桂月「高尾の紅葉」『日本の名山・別巻② 高尾山』博品社、一九九七年
「草枕」『漱石全集(三)』、岩波書店、一九九四年

5　借りものでない言葉で書く

「自分の目、耳、肌、心でつかまえたものを、借りものではない自分の言葉でわかりやすく人に伝えること」
（岡　並木）

岡並木は、私の先輩記者でした。交通問題、都市問題などに詳しく、いわゆる「専門記者」として活躍した人です。いつも、現場にいて、現場で疑問をいだき、現場でその疑問を追究してゆくジャーナリストでした。

二人で新聞文章のことを話し合っていたとき、冒頭の言葉が出たのです。「借りものではない言葉で書く」ということは、実はきわめて難しい。難しいけれども、めざすところはそこにある、という意味のことを岡はいっていました。

現場へゆく。現場の様子を見、人の話を聞き、五感で得たものを大事にし、それを白紙の心にしみこませ、借りものでない自分の言葉で表現する。そういう一歩一歩の修業を積み重ねてゆく。そのことの大切さを岡は力説していました。

その後、井上ひさしの本で、こういう言葉に出あいました。

「作文の秘訣を一言でいえば、自分にしか書けないことを、だれにでもわかる文章で書くということだけなんですね」

至言です。井上と岡と、二人の言葉は、文章を書くということの究極の目標を簡潔にしめしています。その目標に近づくのがいかに難しいかということもまた、井上は知っていたのでしょう。すぐ、こう付け加えています。「これが出来たら、プロの中のプロ。ほとんどノーベル賞に近いですよ」と。

「自分にしか書けないこと」は、自分以外のだれでもない、あなた自身が書かなければ、ほかのだれも書くことはできません。それは、いいかえれば自分の人生をどう生きているか、なにを自分の拠りどころにして生きているかということにつながります。同じ職場で、同じような仕事をしていても、私たちは、それぞれの、独自の人生を生きています。だからこそ「自分にしか書けない」文章を書く道がそこにあるのです。

画家のゴーギャンは、西欧近代のインチキ性から逃げ出して、野性のみなぎる南太平洋のタヒチへ行きます。しかし、タヒチを蝕んでいる植民地支配やその背後にある近代文明というものにあきあきして、もっと野性にあふれるマルキーズ諸島(マルケサス諸島)まで流れていって、そこでさらにいい絵を描きました。しかし、いっこうに絵は売れず、借金や病苦のなかで死んでゆく。それがこの画家の生き方、死に方でした。生きている間、さっぱり売れない絵でしたが、その絵は、まぎれもなくゴーギャンの絵でした。ゴーギャンがタヒチ時代のことを書いた『ノアノア』(一八九一―九三年)はゴーギャンのノアノアでした。ゴーギャンは、彼でなくては描けない絵を描き、彼でなければ書けない文章を書いたのです。

一九世紀のアメリカが生んだ思想家、H・D・ソローは、アメリカの物質文明を根底から批判し、湖畔の森に自分で小屋を建て、自分で畑を耕し、自給自足の暮らしをして、『森の生活』(一八五四年)を書きました。野性に満ちた野や丘を一日、四時間以上も歩くような生活でした。ソローの本は、ソローでなくては書けない本で、しかもだれにも理解できる内容のものでした。ソローの反骨、反俗精神は、一世紀後の一九六〇年代によみがえり、反文化をとなえる若者たちの精神的な支えになったのです。

父や母のことを書いた作品には、心にしみるものが少なくありません。親や祖父母のことについては、子や孫でなければ書けない物語がたくさんあるのです。

作家、芥川龍之介の息子、比呂志(俳優)は『決められた以外のせりふ』という作品で、父のことを書いています。

幼稚園のときの父の思い出です。クリスマスの日に演ずる聖誕劇の練習をしていたときでした。教室のガラス戸の向こうに、父の姿を発見します。

「父は、寒々と居並んだ三、四人の付添いの人達に混って、硝子戸ごしに、少し前こごみに私の方をみていた。ほかの女の人達の間で、父は、どうして今までそこにいるのに気がつかなかったかと思うほど、背が高く、飛抜けてみえた。黒い二重《ふたえ》まわしで、帽子は冠《かぶ》っていなかった。そして私と目が合うと、ちょっと頷いて微笑した。私はまた庭の方へ遠ざかっていったが、今度は安心して、振返らなかった。かえって、元気よく手を振り、大きな声で讃美歌を歌って行った。オルガンの所へ来ると、父は相変らず微笑しながら、また軽く頷くようにしてみせた。……

あの時の父の姿が、妙にはっきりと印象に残っているのは、場所や状況が、例外的だったからであろうか。いつも見馴れた、大抵は女の人ばかりがいる硝子戸の向うの廊下に、父を見ようとは、私は夢にも思ってはいなかった。父が幼稚園へ来るということ自体が、私には到底あり得ないことに思われた。二階の書斎にいる父が、私にとって、知らぬ世界の父であるように、私の幼稚園は、父にとっての知らぬ世界である筈だったから」

この文章のなかの芥川龍之介は、静かで、穏やかな微笑を浮かべたお父さんです。息子からすれば、父はいつも書斎にいる、遠い存在でした。幼稚園に来るなんて「到底あり得ない」ことでした。だからこそ、父の姿を見たときはうれしくて、うれしくて、鮮やかな思い出として残ったのでしょう。比呂志でしか書けない情のこもった文章です。比呂志は八歳のとき、父を失っています。この幼稚園のことがあってから二、三年後に芥川龍之介は自殺しました。

作家、萩原葉子には、『父・萩原朔太郎』という作品があります。

詩人の父、朔太郎が好きで好きでたまらない、という感じの、いい文章です。

「父はお酒を飲むと、まるでたあいない子供になってしまう。そして酔ってくると、次第にお酒をびしゃびしゃお膳にこぼしはじめ、それにつれてお菜を、膝の上から畳の上一面にこぼすのだった。だから父の立ったあとは、まるで赤ン坊が食べ散らかしたようなのであった。祖母は後始末がやりきれないと怒るが、私は、こうして酔って童心になりきった父の方が、ふだんの父よりずっと好きだったし、もうてれくさくもなくなり、ずっと良かった。

（中略）かなり酔いのまわったとき、父はぐったりと茶ぶ台にねむったようにして、膝のまわりの、散らかった食べものの中に横っちょをむいて坐っているが、急に顔をあげて私を見て『葉子、蒲原有明《かんばらありあけ》はいいな』と幾度もいったかと思うと、ぽろぽろとごはん粒をこぼしながら立ち上り、衿をかき合せてちょっと改まってから、

野ぢよりひとりかへり来て
あやしくなぞやはづかしき

と父独特の節をつけて、うたいはじめるのだった」

実にいい光景です。朔太郎のすがすがしさみたいなものを、娘は活写しています。この文章もまた、まぎれもなく娘の葉子にしか書けないものです。

自分の身近な人のことを書く。父や母のことを書く。それは文章をみがく意味でも大切なことです。いや、友人や恋人のことでもいい。サッカーの練習をつづけた経験があるのなら、あなたでなければ書けないサッカーの話があるはずです。土壌生物に興味のある人なら、あなたでしか書けない詳しい観察記録があるでしょう。そこには、だれかに伝えたら「おもしろいね」といってくれる話がきっとあるはずです。

冒頭に書いた「借りものではない自分の言葉でわかりやすく人に伝える」のは至難のことですが、その道をたゆみなく歩きつづけるほかに、いい文章に近づく方法はない、と私は思っています。

この章のまとめです。

①自分にしか書けないことを
②自分の感覚、心でとらえ
③借りものでない自分の言葉で

④だれにでもわかる文章で書く。

そのためには、まず、身近な人、自分がいちばん興味をもっていることなどを書くことで習練を積む。

井上ひさしほか『井上ひさしと141人の仲間たちの作文教室』新潮文庫、二〇〇二年
ポール・ゴーガン著、前川堅市訳『ノア・ノア』岩波文庫、一九六〇年
H・D・ソロー著、飯田実訳『森の生活(ウォールデン)(上・下)』岩波文庫、一九九五年
芥川比呂志『決められた以外のせりふ』新潮社、一九七〇年
萩原葉子『父・萩原朔太郎』筑摩書房、一九五九年

6　異質なものを結びつける

「『嫁さんになれよ』だなんてカンチューハイ二本で言ってしまっていいの」
「梅雨晴れのちり紙交換　思い出もポケットティシュに換えてくれんか」　（俵　万智）

俵万智の『サラダ記念日』の本をはじめて手にしたとき、ページを繰っていて目に飛びこんできたのは、「『嫁さんになれよ』だなんて」の歌でした。

いままであまりお目にかかったことのない、かろやかな、乾いた歌でした。愛の告白とカンチューハイというふつうあまり結びつかない異質のものが、ここではみごとに結びついている。

アルコールが入って酔眼になりながら、それでもやや強引な告白をはじめた青年を、娘は軽くあしらっている。どうせならアルコールなしでいってもらいたかったと思う。カンチューハイ二本飲んだだけでもう酔ってしまったの、醒めれば忘れちゃうんじゃない、という思いもある。カンチューハイの存在によって、この歌は生きています。求愛とショウチューという異質のものが結びついたときのおもしろさがそこにあります。

思い出をポケットティシュに換えてくれんか、という歌も、異質のものの結びつきのおもしろさですね。ほろ苦い思い出を捨てる、といえば重くなりますが、思い出をポケットティシュに換えてくれんかといえば、それだけでぐっと軽くなります。

俵万智の数々の歌は、異質のものを結びつけることのおもしろさを教えてくれます。

散文の世界でも、私たちは、異質のものを結びつけることで新しい次元に飛ぶことができます。Aについて書きたい。しかし、Aのことだけを書くのでは、話が単調になります。Aとはかなり異なる分野のXの話をもってきて、うまくAとXとを結びつける。うまく結びつけば、成功です。

「キムタクの『目』と憲法」という見出しのついた論評が朝日新聞の文化欄にありました(二〇〇六年五月二日・夕刊)。

憲法の存在意義と、木村拓哉の世界というまったく異質のものを結びつけることに成功した論評の好例です。書いたのは憲法学者の田村理《おさむ》です。図書館にある新聞の縮刷版でぜひお読みになってください。

公権力の不正を絶対に許さぬ「目」を自分たちのなかに育てたい、それを支配される側にいる僕達のなかに育てなければならないという主張が、この論評の主眼です。これが主題のAです。

このAを説くのに、憲法論議で終始したのでは、そういってはなんですが、いささかとっつきにくい。そこで、Xの登場になります。Xに反公害闘争を紹介する方法もあるでしょう。あるいは百姓一揆の話をもちだす手もあるでしょう。

しかし、田村理は、キムタクをXにしたのです。これがよかった。意外性があります。奇をてらったわけではなく、読んでみると内容が濃い。キムタクの扮する久利生《くりう》検事は、テレビドラマ『HERO』のなかで、「けっしてこぼさぬ涙をたたえた」強い怒りの目でこういいます。

「俺達みたいな仕事ってな、人の命を奪おうと思ったら簡単に奪えんだよ。あんたら警察も、俺ら検察も、そしてマスコミも、これっぽちの保身の気持ちでな、ちょっと気を緩めただけで人を簡単に殺せんだよ。俺らはそういうことを忘れちゃいけないんじゃないすか!」

久利生検事のいっているようなことは、実際にあります。

「意に反する自白、被害者が『犯人は別人』だと告げても警察のメンツで歪む事実、いつのまにか無くなる物証……。これらが実際に『よくある話』だとしたら?」と田村は問題を投げかけます。

だからこそ、公権力の不正を絶対に許さぬ「目」を自分たちのなかに育てなければならない。そのためには、公権力の怖さを感じとることだ。少しでも感じとることができたら、そこに憲法の存在意義がある。田村はそう主張します。同感です。

強調しておきたいのは、自分の思いをどうすれば人びとにわかってもらえるか、そのことを軽くみてはいけないということです。そのための一つの手段として、異質のものをどうやって結びつけるかということに心を砕く。つまり、A―X合体の術を身につける、ということです。キムタクのテレビドラマ『HERO』を見た人は少ない数ではないでしょう。ですから、「公権力の怖さ」と『HERO』の内容とを結びつけることは、読み手の関心をひくだけではなく、文章に活気をあたえます。

歌舞伎や物語の「忠臣蔵」にもし大星由良之助(大石内蔵助)の遊興三昧の場がなかったら、あれほど当たったでしょうか。忠義、団結といった直線的な主題が、大石の遊興という異質の曲線と結びついたからこそ、直線と曲線によるふくらみが生まれ、舞台や物語に「華」が生まれたのではないでしょうか。

ここまで書いて、ふっと芭蕉の句を思い浮かべました。

「朝露によごれて涼し瓜の泥」

「朝露」「涼し」「瓜」などの世界と「泥」の世界とは、なにやら異質の感じがするのですが、実はこの瓜のお尻のほうについている泥が登場したからこそ、朝の瓜畑のありさまがありありと見えてくるように私は思います。「泥」がでてきたおかげで、「朝露」も「涼し」も「瓜」も、現実性のあるものとして浮かび上がってくるのです。これも、異質なるものの結びつきのせいかな、と思いました。

俵万智『サラダ記念日』河出書房新社、一九八七年
中村俊定校注『芭蕉俳句集』岩波文庫、一九七〇年

7　自慢話は書かない

「気のきいた文章を書くてっとり早い秘訣《ひけつ》は『自分がピエロになる。自分の欠点を情容赦なく書く』である。逆に読み手の強い反感を買うのは『自分の欠点を書いたようでいて、実は自慢話になっている』である」

（姫野カオルコ）

心の機微にふれた言葉です。作家、姫野カオルコはさらに、こう付け加えます。「一枚上手の文章技法は、『自慢話をしたようでいて、実はピエロになっている』となる」

問題点をはっきりさせますと、

A　自分の欠点、ダメなところを書いたようでいて、実は自慢話になっている。（姫野があげている例「美容院でいつも注文がうまくできないドジな私。先日もロングヘアの毛先だけをそろえに行ったのに、美容師にK^{2}YONに似ているとか言われて無理矢理ショートにされてしまった。トホホ」）

B　自分がピエロになって、自分の欠点を情け容赦なく書く。

C　自慢話をしたようでいて、実はピエロになっている。

この三つのうち、A型は反感を買いやすい。

A型の例をさらにあげるとすれば。テレビドラマで数々の人気作品を書いている脚本家、北川悦吏子がこんなことを書いています。

ある日、仲間で雑談をしていた。新しく恋人ができた、と仲間の一人がいいます。「でも……何で私なんかって思って……彼だったらもっと素敵な人がいっぱいいるのに……」

これを聞いた仲間は、ひとり残らず引いた、サアーッと引いた、と北川は書く。

「これは、遠回しな彼氏自慢だからである。まだ、自分がモテる自慢だったら許せる。でも、私の彼ったらすごく素敵なの、という自慢を遠回しにされた気がして、私たちは一瞬、鼻白んだのだ」。A型の例です。

ほかにも、亡くなった方を悼む言葉が自慢話になっている、という例もしばしばあります。有名な芸能人の葬儀のとき、自分がいかに故人に可愛がられ、たくさん褒められたことかと涙ながらに自慢する人がいます。

B型の例は、おわかりですね。映画のなかの寅さんや釣りバカは、何十万、何百万の人の前に自分をさらし、ピエロになり、バカにされながら人気者になっています。

問題はC型です。自慢話をしているようで、実はピエロになっているという例です。

姫野は、自分のボウリング体験を書いています。小学五年生のときミニスカートでボウリングに行きました。

「で、ミニスカがよく似合ったのは、私の脚が長かったからである。腕も長かった。小5なのでまだ肉もついておらず、脚も腕もすらりと長かった。(略)それでいて小5とは思えぬ思慮深い顔つきをしていた。これでレーンに立つと、じつにサマになった」

これはまあ、正真正銘のかわいい自慢話ですね。で、この話はやがてC型の道をたどるのです。同行者のひとりが、ボールを渡してくれる。小学五年の姫野は第一投を試みます。大きな音をたててボールは、前にではなく後ろに落ちる。

「同行者たちはいっせいに笑った。私は黙っていた。ボールが落ちた理由は運動神経によるものではない。ボールの穴に指が入らなかったのだ。そうだ。脚が長く腕も長く指も節くれていなかったけれど、私は押しも押されもせぬ天下の骨太なのだった。女・子供用の軽量ボールは穴が小さい。指を入れると抜けなくなりそうで、恐怖心からほんの少ししか指を入れられず、そのためにボールを後ろに落としたのだった」

ボールを落としてしまうことで、少女はピエロになる。姫野は、自慢話をしているようで、実は「天下の骨太」であるがための己の失敗談を書き、おおいに自分をさらしものにしているのです。

姫野の文章をはじめて読んだのは雑誌『ダカーポ』に連載していたコラム『初体験物語』でした。達者な筆だなあと思いながら読んでいました。

たとえばこんな話がでている。書店で「私の本」を手にしている女性を見かけて、迷いに迷ったあげく「作者ですがぜひ買ってください」と頼む。「どんな小説なんですか」と質問され、原稿用紙三五〇枚を要約する機転のないまま、おろおろしているうちに彼女は結局、去っていった。そんな、ずいぶんみっともない話だけれども、だからこそ人が喜んでくれるであろう話を、姫野は書きます。

彼女の『ガラスの仮面の告白』というエッセイ集に、南伸坊が「姫野カオルコはいい」という題で「解説」を書いています。その結びが「とにかく、ボクは姫野カオルコさん、いいよなあ、好きだなあ」となっているのもずいぶん珍しい解説だと思いましたが、この作品でも、姫野は「自分の欠点を容赦なく書く」ことを容赦なくみずからに課しています。言行の一致した、まっとうな人、といったら随分見当はずれの褒め言葉になってしまうでしょうか。

こんな話も書かれています。

姫野は三十一歳で恋をし、一カ月でフラれた。その男性に、好きな人ができたという。その男性はさらに、カオルコに向かって、相手の女性のことをほめまくります。彼女は「悲しみというものを知っているからやさしさを持っててよく気のつく、とても繊細な」人なんだ、と。自分の恋人である男性が、自分以外の相手である女性を無神経に賛美しながら消えていってしまったあと、カオルコは号泣の日々を過ごすことになる、という結末です。

骨太で、頑丈で、剛健で、ごうつくな体形、と自称するカオルコは、出版社に行けば「ごっつい腕してるなあ」といわれる、とも書いていますが、実際はどうか。「昭和中期の映画に出てくる絵に描いた美少女のような人」と書く人もいます。

姫野が作品中に書く職業人で、私が好きな人物に米屋の「赤川さん」がいます。

『ちがうもん』という小説にほんのちょっと出てくるだけですが、この人がいい。赤川さんは、物語の中の少女の家に出入りする米屋さんです。ある日、少女の家の引っ越し祝いに米袋をもってくる。

「チャイムを鳴らすことなく、赤川さんは玄関に立っていた。母が人の気配に玄関ホールと玄関口の仕切りのドアを開けると、彼が米袋を持って立っていたのである。

『いやあ、お米を……。もう持って来てくれはったん』

お米。その語を聞いて、私は茶の間から玄関のほうへ出た。あとで知ったことだが、そのとき赤川さんが持って来た米は、彼からの引っ越し祝いだったという。だが、玄関に立つ赤川さんはなにも言わなかった。

自分の身長の半分以上もある大きな重たそうな米袋を、軀《からだ》の正面で抱きかかえ、丸い赤い顔をして、えへ、と笑っていた。クリームパンのような手が米袋をしっかり支えていた。チャイムも鳴らさず、そうして立っていたのだ。

瞬間、私の目から涙が噴き出し、私は自分の軀の反応に驚いて、踵《きびす》をかえした」

赤川さんと少女の間には、特別の心の通路があったのでしょう。赤川さんは「引っ越しおめでとうございます。これはお引っ越しのお祝いにと思いまして」なんていうごくふつうの挨拶をしない。ただ黙って、きまりわるげに玄関の前に立っている。そういう、きわぎわしいことの嫌いな市井の人物を活写するとき、姫野の文章は渋い光を放ちます。派手なこと、自慢話に値することを嫌うという節度は文章の品格にかかわってきます。

自慢話よりも、失敗談を。私たちの多くは、海に身を投げた平知盛や北海道で戦死した新撰組の土方にひかれ、チャプリンの失恋話や、落語の熊さんのおっちょこちょいに親しみを感ずる習性があるようです。

良寛さんも、戒めの言葉として、まっさきに「手がら話」をあげています。ご要心。

姫野カオルコ『初体験物語』角川文庫、一九九八年
北川悦吏子『恋のあっちょんぶりけ』角川文庫、二〇〇二年
姫野カオルコ『ガラスの仮面の告白』角川文庫、一九九二年
姫野カオルコ『ちがうもん』文春文庫、二〇〇四年

8　わかりやすく書く

「文章というのは、むずかしいことを知っていても、やさしい言葉で相手にわかるように書かなければいけないんです」

（瀬戸内寂聴）

「わかりやすく書く」ということはもう、いまさら聞かなくてもわかっているとあなたはいうでしょう。たいていの文章読本は、「平明」「平易」を強調し、「達意」が大切だと説いています。平明、平易が大切なことはもうわかっている、というあなたの声が聞こえてくるのですが、それでもあえて、わかりやすく書くことの大切さを強調しておきましょう。

作家の瀬戸内寂聴がいっています。

「自分がものを書くときには美文にしようと思ったり、それこそ調子を出そうと思ったり、どうしても気取るじゃありませんか。でも、気取ってはだめだということがわかりましたね」

このあと、冒頭の言葉になるのです。

対談の相手の水上勉も「それに尽きますね」と受けます。

瀬戸内、水上は作家ですが、英文学者であり、評論家だった中野好夫も、文章はやはり達意でなければならぬと説いています。

「わたし自身の場合、どんな意味からしても、文章家などといえる代物でない。ただ達意ということ(これはもう書いても、わかってもらえねば詮ないからである)、あまりダラダラ締まりないものにはしたくないというだけが、せいぜいの心懸けで、それ以上に腐心するなどということは、まったくない」

かつて中野好夫の時事評論を読んでいたときは、読むたびに、おかげで賢くなれたぞという気持ちになったものでした。力のこもった文章でした。まことに、文章はその意図するものが読み手に伝わらなくては意味がない。「わかってもらえねば詮ない」ことで、そういう意味では、中野の文章は、実に力強く、明快でした。

このことだけはどうしても相手にわかってもらいたい。その一途な思いがあるからこそ、文章に命が吹き込まれるのです。あなたの思い、あなたの考えを間違いなく伝えること、それは文章の基本中の基本です。くどいといわれそうですが、文章というものは、「これだけはどうしても伝えたい」という思いのこもったものでありたい。

わかりやすい文章を書くためには、さまざまな文章技術が役に立ちます。が、それを超えて大切なのは「これだけは何としてもあなたの胸に刻みたい」という切なる思いです。

英語の不得手な初老のおじさんがニュージーランドの牧場にホームステイをしました。このおじさんは農家の人でした。稲作と酪農では、経営の形態は違いますが通ずるところもあったのでしょう。何日間かを過ごして、別れるとき、おじさんは「パラダイス、パラダイス」といって泣き、見送る側と固い握手をしたという話を聞きました。どうしてもわかってもらいたいという思いは、こういう形でも通ずるのでしょう。伝えたい切なる思いさえあれば、英文法なんかは二の次です。

残念ながら、私たちのまわりには「なにを読み手の心に届けようとしているのか」がさっぱりわからない文章が少なくありません。たまたま目にしたお役所の文章を例にあげましょう。

「地域づくり支援室では、四局、一庁の職員と外部専門家が連携して、人づくりを通じた地域づくりの推進のための新たな支援策の企画、立案、地方公共団体等からの相談への対応や要望等の把握、専門家の派遣、関係機関との仲介支援、取組の全国への普及等を行い、教育関連の総合的な支援体制の整備を図ることにしています」

失礼ながら、これを書いた人には「このことはなんとしても伝えたい」という深い思いがあったのでしょうか。「人づくりを通じた地域づくり」とはなんでしょう。神様じゃあるまいし、人や地域をそんなにも簡単につくれるものなのでしょうか。揚げ足とりだといわれるかもしれませんが、私がいいたいのは「地域づくり」「人づくり」という安易な言葉に寄りかかるなということです。そういう決まり文句を使わずに、読む人が「あ、そういうことなのか」と合点できるような文章を書いてくださいといいたいのです。

わかりにくい文章を書いてしまう。難解な文章を書いてしまう。そこには、さまざまな自意識があることでしょう。「どこからも文句のでないような、ソツのない文章を書く」「こんなに難解なこともわかっているんだと誇示したい」「私の考え方の深さは、容易にはわかるまい。わからなくていいのだ」などなどの思いがアタマをもたげると、文章はへんに歪んでいってしまいます。

作家、浅田次郎も「文章のわかりやすさ」を大切にしている人です。

「いい文章はわかりやすい。古今東西、名文といわれるものにわかりづらい文章など、ひとつもないのである」

「さりとて、改って文章を書こうとすれば、誰しもふと衒《てら》いが頭をもたげ、ともすると意思伝達どころか過大な自己表現になってしまう。あるいは、何とかわからせようと思うあまり修飾過剰となり、かえってわけのわからぬ文章になる。世に悪文といわれるものは、だいたいこの二通りである」

自分がいかにも深いところまでわかっていると思わせるような調子で書かれた文章があります。そうかと思うと、あれもこれも、一つの容器に盛り込みすぎて、なんの料理かわからなくなる、といった感じの文章もあります。

では、どうしたらわかりやすい文章を書く有効な道を見つけることができるのか。

映画評論家、佐藤忠男はこう書いています。「文章を上達させたい人は、まず文章を書いて、それを身近な人に読んでもらうといいと思う。なにもそれは文章の専門家である必要はない。ふつうの教養と常識をもち、率直にモノをいってくれる人なら、すくなくとも、文章のなかのわかりにくいところ、あいまいなところ、ピンとこないところ、などは指摘してもらえるだろう」

書き上げた文章をだれかに読んでもらうという人は意外に多い。連れ合いに見てもらっている人もいます。「ここは難しくてよくわからない」「ここは意味不明」などと、気楽にいってくれる人がいれば、事前に直すことができます。もっとも、いうほうも大変です。「なんでもいい、ずばずばいってくれ」と友人Aにいわれ、いわれたほうの正直男Bは、「それなら」と感じたことをありのまま、ずばずばいったら、友人Aは次第に不機嫌になり、黙って行ってしまった、なんていう話を正直男Bに聞いたことがあります。

それはともかく、野球の選手が「コーチに指摘されて、からだの動きのどこどこを微調整したら、よくなった」などといっているのを聞いたことがありませんか。助言者に指摘されて、自分の悪いところを直し、それで立ち直ることができた、というゴルフの選手の話を聞いたことがあります。どんな名選手でも、自分の後ろ姿を見ることはできない。だれかに指摘されてようやくわかる。自分の動く姿の微妙な崩れに気づく、ということがよくあるそうです。文章も同じでしょう。

さて、わかりやすい文章を書くにはまず、こんなことを心がけましょう。

①自分がどうしても伝えたいこと、自分の思い、自分の考えをはっきりさせること。
②そのことを単純な文章で書いてみる。難しい言葉を使わない。
③書いたものをだれかに読んでもらい、感想を聞かせてもらう。
④そのうちに、自分が自分の文章の読み手になり、自分の文章がわかりやすいかどうかを評価することができるようになる。
⑤何回も書き直し、さらに書き直す。

水上勉・瀬戸内寂聴『文章修業』岩波書店、一九九七年
「わたしの文章心得」『ちくま日本文学全集・中野好夫』筑摩書房、一九九三年
浅田次郎『ひとは情熱がなければ生きていけない』海竜社、二〇〇四年
佐藤忠男『論文をどう書くか』講談社現代新書、一九八〇年

9　単純・簡素に書く

「私は単純に書きたいと思っている。なるべく短い文章で書きたい」
（中野重治）

たとえば、仲間の人と山道を歩いている。崖をよじのぼりながら、仲間の一人がごくごく細い立木にすがろうとしている。その木の根が腐っているようなのを見たあなたは、危ないと思う。その瞬間、なんといいますか。

「その細い木の根っこは腐っているぞ。握って引っ張れば、根が土から抜ける恐れが十分にある。根が抜けたらどうなると思う？　転落するぞ」

そんなことをもぞもぞいっているうちに、仲間は土から抜けた細い木と一緒に崖下に転げ落ちているでしょう。「危ない。その木は腐っている」とか「だめだ、その木を持つな」とか、短い言葉で叫び、危険を知らせる。つまり単純化です。

複雑な要素のなかから一番大切な要素を選んでまず知らせる。相手にとって、どういう言い方がいちばん適切かを考える。それが「単純化」の一つの条件です。

ある日の新聞に「日本一短い手紙」の話がでていました。福井県丸岡町(現坂井市)で、短い手紙の募集をはじめた大廻《おおまわり》政成さんの話です。その記事のなかに、こういう短い手紙が紹介されていました(「朝日新聞」二〇〇七年二月二五日・朝刊)。

「いのち」の終りに三日下さい。

母とひなかざり。貴男《あなた》と観覧車に。

子供達に茶碗蒸しを。

単純化された文章のなかから、書いた人の思いがふわりと伝わってきます。いろいろなものを削ぎ落として残ったものが「雛」と「観覧車」と「茶碗蒸し」だったのでしょう。その三つのもので象徴される家族の絆が、読む人の心にしっかりと伝わってきます。

あなたなら、どんな三つを選びますか。三つを選ぶという過程のなかで、あなたはおのずから「単純化」という精神活動をすることになります。

前章の繰り返しになりますが、単純で簡素な文章を思うとき、大切なのは、読む人に「いちばん何を伝えたいか」を明確にすることです。自分が思っていること、自分が感じていることの正体をしかと摑む。その上で、それをどう伝えたらわかってもらえるかを考える。

作家であり、詩人である中野重治は冒頭の「単純に書きたい」という言葉のあと、単純でない文章についてこう書いています。

「中身がさほどでもないところへやたらに調味料を使ったようなの、肝腎の食いものより皿や皿敷きに金をかけたようなのを好まない。色づけということを拒まぬけれど、いやに毒々しい色づけは御免こうむりたい。つまりそれを自分の書くものに求めている」

やたらにごたごたと形容詞を並べたような文章は書きたくない、毒々しい言葉の羅列もごめんだといっているのです。

体の贅肉を落とそうとするとき、私たちは食生活の簡素化を考えます。心の贅肉を落とそうとするとき、私たちは「こだわりを捨てる」ことを考えます。いろいろな欲望を抑えて、足るを知る簡素な暮らしを考えます。文章の贅肉を落とすには、よけいな言葉を捨てること、となりましょうか。「これだけは書きたい、伝えたい」というものを核にし、あとは思い切って捨てる。誇示、美化、ほら、自慢、歪曲、針小棒大など、そういったものを捨ててしまうことです。単純な言葉を書くためには、私たちの心にこびりついている誇張願望、歪曲願望を見つめ、それを抑える営みをつづけることが必要になるでしょう。

「単純な文章」を考えるとき、次のような文章は参考になります。

名作『朗読者』（シュリンク）の各章の最初の文を選んで並べたものです。

○十五歳のとき、ぼくは黄疸《おうだん》にかかった。
○バーンホーフ通りにあったあの家は、いまはもうない。
○ぼくはあの女性の名前を知らなかった。
○「待ってて」／ぼくが立ち上がってもう行こうとしたときに彼女が言った。
○一週間後、ぼくはまた彼女の家の戸口に立っていた。
○彼女は留守だった。
○その夜、ぼくは恋におちた。
○それに続く何日かのあいだ、彼女は早番だった。
○あのころのことを思い出すと、どうしてこんなに悲しくなるのだろう？

ここまでの引用でも、シュリンクの文章の傾向はおわかりでしょう。

この小説は十五歳の少年と母親ほどの年齢の女性との恋物語です。その女性がナチスの戦犯として裁かれるという思わぬ展開があります。

最後の章のはじまりは「いつのまにか、あれから十年がたってしまった」となっていますが、十年たって、昔のことを回想している筋になっています。

ここで引用した文章はいずれも、まことに単純な言葉ばかりだと思いませんか。単純で、明晰です。あいまいなところがありません。

こういう、短くて、わかりやすくて、簡素な言葉をつづって、これほど人の心の奥深くに響く物語をくりひろげることができる、という才能には頭を下げるほかはありません。単純な文章は単純なことがらを言い表すだけのものではありません。単純な文章でも、きわめて複雑な思いをつづっていけるのです。松永美穂の訳文もいい。


一つだけ、単純化にひそむ危険性についていっておきましょう。

戦時中の日本では「鬼畜米英」「滅私奉公」「虜囚《りょしゅう》の辱めを受けず」「欲しがりません、勝つまでは」「ぜいたくは敵だ」といった、きわめて単純化された標語や戒めがありました。いまだにこういった文句をちゃんと覚えているところをみると、これらの言葉はかなり強い影響力をもっていたことがわかります。この言葉を作った人たちは、いまなお、厳しい責任を負わなければなりません。

単純化された言葉は強く人の胸に響きます。それだけに、単純化は、間違った方向へ人びとの思いを導くものであってはならず、また、それを受け取る側はその言葉のもつ力を十二分に吟味する力を持たなければなりません。

①単純に書くには、さまざまな言葉の群れのなかから、いちばん大切な言葉を選ぶという習練が大切です。なにを選び、なにを捨てるかという習練です。

②そのためには、もやもやしたものから「いちばん何を伝えたいか」を選ぶという作業が必要になります。

③「日本一短い手紙」などを書くことで、単純な文章を学ぶことができます。

④単純な言葉のもつ危険性についても、十分に知っておく必要があります。

中野重治『日本語　実用の面』筑摩書房、一九七六年
ベルンハルト・シュリンク、松永美穂訳『朗読者』新潮社、二〇〇〇年

10　具体性を大切にして書く

「文章を書く者は、砂上の楼閣を怖れなければならぬ。目立たない些細なこと、微小のことはいい加減にしておいて、遠大も深遠もありはしない。具体的な事や物の確かさを土台にしていない抽象に、説得力の伴なわないのは当然であろう」
（竹西寛子）

些細なこと、微小のことをいい加減にするなと作家、竹西寛子は書いています。具体的なことをしかと見つめ、感じ、ゆるがせにするな、そういう確かなことの積み重ねこそが大切なのだ、その積み重ねが土台になって、はじめて一つの抽象が説得力をもつのだ。そういう教えです。

一つ一つの具体的なことを積み上げていって文章を創るとき、その積み木の木片がいい加減な形のものであったら、積み木の楼閣はいずれ崩れます。

竹西の文章も細密な具体性を大切にしながら、やがて、それらを土台にした世界を生み出しています。

「蘭」という題の短編があります。戦時中のモノのない苦難の時代のできごとです。ひさし少年は父親に連れられて旅にでる。父親の知人の葬儀のためです。帰りの汽車のなかで、少年は耐えがたい歯の痛みに苦しむ。治療中の歯の詰めものがとれ、なにかがきつくくい込んだらしい。それを知って父親は、困ったという表情になります。

「いっときして目を開くと、父親が思案顔で見詰めている。

『まだ痛むか？』

ひさしは、息を詰めたくなるような痛みにいっそう汗ばんでいたが、

『少しだけ』

と答えた。

すると父親は、手にしていた扇子を開きかけ、いきなり縦に引き裂いた。そして、その薄い骨の一本を折り取ると、呆気《あっけ》にとられているひさしの前で、更に縦に細く裂き、

『少し大きいが、これを楊枝の代わりにして』

と言って差し出した。

ひさしは、頭から冷水を浴びせられたようだった。その扇子は、亡くなった祖父譲りのもので、父親がいつも持ち歩いているのを知っていたし、扇面《せんめん》には、薄墨で蘭が描かれていた。その蘭を、いいと思わないかと言ってわざわざ父親に見せられたこともある。

ひさしは、

『蘭が……』

と言ったきり、あとが続かなくなった」

父親の即製の楊枝のおかげで、歯の痛みは熱が退《ひ》くようにやわらいでいったのです。描写は、きわめて細密で、扇に描かれた蘭の花の絵まで、くっきりと目に浮かびます。その絵がむざんにも引き裂かれる。引き裂いた本人にとっては大切な遺品なのですが、息子を思う気持ちには勝てない。そのあたりの心の動きまで、よく見えてくる描写力です。だからこそ、「蘭が……」といったきりで絶句してしまう少年に読み手は感情を移入することができるのです。説得力のある、いい短編です。

なによりも、この文章は、一つ一つの具体的な事実を淡々と積み上げながら、父と子の決定的な瞬間が描かれるところまで、私たちを案内してくれます。

具体的な描写を重ねてゆくという文章の練習のために、文章教室の仲間たちに次のような出題をしたことがあります。

①私の得意料理。

②ある駅から、ある目的地までの道筋を詳しく、わかりやすく、楽しく説明する。

料理のことも、道順の説明も、非常にいい作品が生まれたという記憶があります。

「細密なこと」をいかに詳細に、わかりやすく伝えることができるか。そのためには、自分の得意な料理のことを書く。客を招くときに、駅から自宅までの道順を正確に、わかりやすく、しかも覚えやすいように伝える。あるいは、きょう野山を歩いたときに見た野草のことを詳しく書く。今朝、新聞で読んだ心に残った記事の要約を書く。それが、具体的な文章を書くための修業になります。説得力のある文章を書くには、細密なところをおろそかにしてはいけない。細密なこと、些細なことをいきいきと書いた文章からは作者の意気ごみが伝わってきます。

ときどき、アメリカの絵本画家ターシャ・テューダーの本を手にします。

庭の花々の手入れをするターシャの写真の間にはさまって、彼女の簡潔な言葉が書かれています。たとえば、

「わたしの絵の魅力のひとつは、

想像ではなく、現実にもとづいて描いていることじゃないかしら。牛の乳はどちら側からしぼるものか、馬はどちら側から乗るものか、干し草の山はどうやって作るのか、全部わかって描いているの。

登場人物は、わたしの孫や友達だし、風景は、わが家の周辺の景色。花も、庭や野原に咲いているものばかりです」

具体的な描写の大切さを教えてくれる文章です。そこに牛がいる。その牛を漫然と描くというのではなくて、ターシャの場合は、だれかが牛の乳をしぼるときの光景がありありと浮かんでいて、その上で牛を描く。干し草の山の作り方の順序を十分に知った上で、絵を描く。具体的なことを知りつくした上で描くからこそ、現実感がにじみでてくるのでしょう。彼女の書く文章もきわめて具体的でいきいきしています。

「ゆっくりしたひとときを持ちましょう」という呼びかけだけでは、抽象的です。

しかし、ターシャの場合はこうです。

「現代人は忙しすぎます。

夕方、ポーチのロッキングチェアに座って、カモミールティーでも飲みながら、ツグミが澄んだ声で鳴くのに耳を傾けてごらんなさい。

毎日の生活が、もっと楽しくなりますよ」

具体的な描写によって、「ゆっくり休みましょう」という呼びかけに、説得力がましますタ。夕ーシャは、ただの「椅子」ではなく「ロッキングチェア」と書く。ただの「ティー」ではなく、「カモミールティー」と書く。「鳥一般」の声ではなく、「ツグミ」と書く。そういう具体的なものへの愛着があって、ある「夕方の光景」が、絵になって浮かびあがります。具体的な絵が浮かぶからこそ、「毎日の生活が、もっと楽しくなりますよ」という言葉に説得力がでてくるのです。

竹西寛子「あとがき」『野上弥生子随筆集』岩波文庫、一九九五年
「蘭」『蘭・竹西寛子自選短編集』集英社文庫、二〇〇五年
ターシャ・テューダー著、食野《めしの》雅子訳『思うとおりに歩めばいいのよ』メディアファクトリー、二〇〇二年

11　正確に書く

「自分の文章に対して、自分ができることは、僅かにその自分の文章を、それなりにより正確にすることぐらいであろうか。正確にすることぐらいと言ったが、これはこれでたいへん難しい。生涯の仕事である」

（井上　靖）

不正確な文章を生む要因はさまざまですが、ごく単純な間違いの点検からはじめましょうか。次の言葉のうち、間違っているものがもしあれば指摘し、正しい言葉に直してください。こういう例は、辞書を引き、注意深く書くことを心がければ、ある程度、間違いを防ぐことができます（間違いの数は十問中、八つです）。

①汚名を挽回したい。②風下にも置けぬやつだ。③怒り心頭に発した。④李下に冠を正すの心構えが必要だ。⑤犯罪を犯す。⑥喧々諤々《けんけんがくがく》。⑦二の舞を演じる。⑧この映画は期待倒れだった。⑨将棋を打つ。⑩公園で大の字になって居眠りした。

結果はいかがですか。易しすぎましたか。あるいは、ふだん何気なく使っている言葉でも、実は間違って使っていたということに気づかれましたか。

さて、不正確な文章を生む要因のなかで、とくに怖いのは、先入観、固定概念、思いこみ、偏見などによる間違いです。たとえば「あのテレビドラマは、視聴率三〇％を超えた。すばらしい作品を作れば、視聴率を稼げる」という文章があったとすれば、これは正確ではありません。

高視聴率＝内容のすばらしい作品、という先入観が根強いから、私たちは無造作に「あの作品は高視聴率だった。いい作品だったよ」といってしまう。

この場合の「いい」は内容がすぐれているということよりも、おおいに大衆受けしましたという評価でしょう。多くの人気俳優が出ていたとか、同じ時間帯に強力な番組が少なかったとか、もろもろの要因があって視聴率が高くなる場合があります(むろん、視聴率が高くて、しかも内容もすばらしいという作品もありますが……)。

テレビドラマという「文化」と、視聴率をかせぐ「商品」とのはざまで、テレビにかかわる人たちは苦闘します。ドラマの評価を数値化するのはきわめてむずかしい。

これに似た先入観は、私たちの暮らしのなかにいくつも巣くっています。文章を書くということは自分のなかの思い込み、偏見をあばくことでもあります。思いこみや偏見をあばき、ひたすら正確な文章を書くのは、これこそ「生涯の仕事」なのです。

たとえば「見ばえ」の問題があります。あなたがもし「あのリンゴは大きくて、真っ赤で、ピカピカに光っているから、きっとおいしい」という文章を書いたとします。これは正確でしょうか。リンゴは「大きくてピカピカ光っている」からおいしいのではない。小さくて、表面に虫くいのあとがあっても、お尻に青いところがあっても、そっちのほうがはるかにおいしい場合だってある。おいしさをきめるのは見ばえではない。

長年、有機農業でリンゴを作っている平沢農園（平沢充人《みちと》経営、長野県松川町）のリンゴを何回も食べたことがあります。送られてきた箱をあけると、あのなつかしい匂いが周囲にひろがります。そのリンゴを口にすれば「リンゴは見ばえではない」ことがわかります。平沢農園のリンゴは、たとえ小さくても、ほどよい酸味があり、果汁が多く、味に気品があります。見た目が不ぞろいでも、おいしいものはおいしい。

私たちは本質のよさ、悪さよりも見ばえにこだわる傾向があります。構造がしっかりしているかどうかよりも、見ばえのいい家にひかれたりする。どれがおいしい野菜か、どれが丈夫な家かを見きわめる眼力、それは、ものの本質を正確にとらえる目です。

昔の話ですが、「天声人語」欄を書いているとき「これはまるで、イソップ物語のアリとセミのような話だ」と書いたことがあります。翌日、新聞社に電話があいつぎました。「天声人語にイソップの『アリとセミ』の話とありましたが、セミとアリなんて聞いたことがないわ、正しいのはアリとキリギリスです。困りますね、間違ったことを書いては」。電話が終わると、すぐ次の電話です。「あれは『アリとキリギリス』に決まってます。だれでも知っていますよ」。ご存じでしょうが、「アリが、夏の間、せっせと働いて食糧を蓄えている間、セミは楽しげに遊んでいて、そのため冬になると食べるものがなくなった」というあの話です。

「私は岩波少年文庫（河野与一編訳）のイソップの話を読んで書きました。原文は『アリとセミ』なんですよ」といくら説明しても、「うちにある本は、アリとキリギリスです。ちゃんとそうなっています」と聞く耳もたぬ勢いです。抗議？の手紙も来ました。

訳者の河野先生に電話をし、事情を話し、なぜ「キリギリス説」がでてきたのでしょうかと尋ねました。先生の答はこうでした。

「ヨーロッパも北のほうでは寒くてセミがいなくなるのでしょうね。それで子どもにわかるようにキリギリスに変えたところもでてきた、ということではないですか」

原著の「セミ」を「キリギリス」に変えてしまう地域が現れ、そのキリギリス版の翻訳が日本で出版されたのでしょうか。セミもキリギリスもどちらも「あり」なのですが、私たちの心には、自分のもつ情報に反する情報は、「間違い」ときめつける強い思い込みがあるようです。自分の情報が○で、それとは異なる情報は×ときめつけてしまう思考回路ができあがっているのではないか。そういう思考回路は正確性の敵です。

なるほど、アリとキリギリスもいいでしょう。しかし、アリとセミもあるのだ、いや、あるかもしれないという思考のやわらかさがあれば、では、子どもと一緒に図書館に行って調べてみようかということにもなり、案外、たのしい勉強をすることができたかもしれません。いやこれは、いささか押しつけがましいことを書きました。しかし、自分のもつ情報に反する情報は間違い、ときめつける思考回路を生む一つの要因に○×式の試験があるということはぜひ、いっておきたい。

中学入試の問題集を見ていたら、高田敏子の詩が出題の対象になっていました。

昔は息子が家にいて、たくさんの動物がいて、買い物も大変だった。しかしいまは、買い物の荷物がすっかり軽くなった、という詩です。主婦であり、母である女性の思いが歌われています。

「小鳥がいて／黒猫の親子がいて／庭には犬がいて／夕方の買いものは／小鳥のための青菜と／猫のための小鯵《こあじ》と／犬のための肉と／それに／カレーライスを三杯もおかわりする息子もいた／あのころの買物袋の重かったこと」

「いまは　籠も持たずに表通りに出て／パン一斤を求めて帰って来たりする」

「みんな時の向こうに流れ去ったのだ／パン一斤の軽さをかかえて／夕日の赤さに見とれている」

このなかの「重かったこと」に傍線があります。そこのところは次のどれを表していますか、というのが設問です。

ア＝充実感　　イ＝疲労感　　ウ＝使命感　　エ＝責任感

たぶん「充実感」に○をつける人が多いでしょう。そのことに異存はありません。では「責任感」はどうか。飼っている生きものに、飼い主は責任をもつ、という社会通念があります。飼い主に見放されて殺される犬や猫は日本国内で、年間約三十六万匹もいるそうです。「飼い主の責任」が話題になることもあります。「充実感」のほかに「責任感」に○をつける子がいたとしても、それを間違いだときめつけられるでしょうか。

「疲労感」はどうか。日々、たくさんの買い物をする。ほかにも、掃除、洗濯、料理、雑用がある。「疲労感」に襲われるお母さんもいるでしょう。「疲れた」といっている母親の言葉を聞いている子もいるでしょう。私だったら「疲労感」にも小さな○をつけたい。いや、試験の答案に小さな○というものはない。○か×かどちらかにしなさいといわれれば、心の複雑な動きを思いやるのが国語学習のたのしさではないかと反問したい。

人の心は○か×かで簡単にきめつけられるものではなくて、むしろきめつけられないところに人の複雑さ、おもしろさがあります。この出題の場合は、「充実感」だけを正解にするならば、結果的に「責任感」や「疲労感」は×になります。

「疲れたよ」といいながら自分の手で肩を叩いている母親の姿を思いながら「疲労感」にも○をつけた子がいた場合、それは×なのか。「飼っている犬や猫に責任を持とう」という話を聞いた子が「責任感」にも○をつけた場合、それもやはり×なのか。

恐ろしいのは、こういう形の問題と解答に慣れてくると、○でないものは×、というきめつけ方が当たり前になってくるのではないでしょうか。四つの選択肢のうち正解はただ一つという学習に慣れてくると、人間の心はさまざまな思いがまじりあっているという大切なことが見えなくなってしまうのではないでしょうか。お母さんの心にあるのは「充実感」だけであって、お母さんには「疲労感」や「責任感」はない、と思うことが「正解」になってしまうとすれば、これははたして正しい認識でしょうか。

○×の試験に慣れた子は、人の心の複雑な思いを一つにしぼって、ほかの感情は切り捨ててしまう、ということに慣れてくるのではないか。そんな不安が胸をかすめます。

人の心は複雑です。ですから「疲労感はなかった。責任感もなかった。あったのは充実感だけだった」ととらえるのではなく、「あのころは充実感があった。しかし、疲労感もないではなかった。息子の成長や、たくさんの生きものの命についての責任感もあった」と重層的に人の心をとらえるような習練が必要なのではないでしょうか。

正確な文章を志す以上、人の心の奥にある複雑なものを複雑なままに見極める努力がなくてはなりません。正確な文章に近づく道は険しいのです。

冒頭の出題についての答。

①、×　汚名は挽回するものではなく、返上するものです。②、×　風上に置けぬやつだ、が正しい。③、〇　④、×　正解は「李下に冠を正さずの心構えが必要だ」。スモモの実がたくさんなっているとき、その木の下で冠を正そうと思って手をあげると、実をとろうとする動作だと疑われる恐れがある。疑われるような行動は慎めという教え。⑤、×　犯罪を犯すは、「犯す」のダブリ。⑥、×　侃々諤々《かんかんがくがく》、あるいは喧々囂々《けんけんごうごう》とはいうが、喧々諤々《けんけんがくがく》とはいわない。⑦、〇　⑧、×　ふつうは「期待外れ」という。⑨、×　碁を打つとはいうが、将棋を打つとはいわない。将棋はさすもの。⑩、×　居眠りとは、横にならず、坐ったまま眠ることをいう。従って、大の字になって居眠り、はおかしい。

井上靖「『百物語』その他」、週刊朝日編『私の文章修業』朝日新聞社、一九七九年
河野与一編訳『イソップのお話』岩波少年文庫、一九五五年

12　ゆとりをもつ

「笑われまいとつっぱって生きようとするその裏側には必ず自信のなさというものがあるんですよ」

「自信があって余裕を持たないと、笑いは生み出せないですね」


（小沢昭一）


余裕、つまり「ゆとり」と笑いとは切っても切れない関係にあるようです。

小沢は落語が好きで、数多くの落語礼賛論を書いていますが、それを読んでいると、イギリス風のユーモアと落語との間には重なりあう部分が大きいと思いました。小沢は書いています。

「落語は、あらゆる人間の所業百態を包含していて、人間の、素朴で健気な、あるいは狡猾《こうかつ》で悪辣《あくらつ》に生きる姿を、何のこむずかしい理屈を添えることもなく、そのまま具体的に描いていることに、いまさらのように驚きました」

「しかも人間の本性をとらえておりますから、時代が変わっても古い噺《はなし》が古くなりません。どの噺のどの人物にも、いまの私たちが見えてくるのです。しかもそれをツキはなして、笑いにもっていくところが、まこと〝高級〟なんでありまして、いまや私は『人を高める力』をも、落語から感得するようになりました」

イギリス風のユーモアが、人間をいつくしむことを知るゆとりをもっているように、落語もまた、人間の本性を突き放して見ており、しかもそれを笑いにもってゆくというゆとりがある。

小沢昭一の文章でも、ゆとりが笑いを生んでいます。たとえば、自分がいかにオシャレであるか、ということを小沢は力説しています。

「といっても私、別に高価なものを着るってわけでもないのですが、しかし、その日その日の気分で、季節に合ったものを、そしてやはり商売人らしく、ちょいとくずれて着るようにしています。ま、オシャレというんでしょう」

ビシッと楷書できめるというんじゃなくて、草書風のオシャレなのです。

「出掛ける時はいつも、あれにするか、これにするか。女房も口を出して、着るものの選択でひとさわぎ。夫婦の口喧嘩《くちげんか》はほとんど私の服装についてです。

それくらい着るものに心を配っているのに、いつだったか、女房が近所の奥さんに言われました。

『お宅の旦那さんはいいですねえ、男らしくて。着るものなんかも無頓着《むとんちゃく》で……』

……ガックリというか、カーッとくるというか。無頓着ではないヨ！」

このあたりの文章の呼吸が小沢の真骨頂でしょう。腹を抱えて爆笑、という笑いではないが、「無頓着ではないヨ!」のところで思わずクスッとなる。芸ですね。

藤沢周平のすぐれた短編に『泣くな、けい』という作品があります。

この作品の内容を紹介すると長くなるので、興味のある方はほんものを読んでください。

相良波十郎という武士(妻は死亡)のところで働く女中のけいは、故あって閉門になった波十郎のかわりに、遠い地まで旅をし、紛失した「銘刀」を取り戻してきます。若い女性にとっては実に大変な旅でした。しかも、この「銘刀」が殿様の大事なものだったので、取り戻せなければ、波十郎は腹を切らねばならないという状況でした。

女中のけいがなかなか帰らず、もはやこれまでというとき、女中は乞食のような姿で帰ってきます。独断で江戸まで行き、刀を買い戻してきたのです。

「『苦労したの、けい』

『はい、旦那さま』

けいは顔をあげて波十郎を見た。その眼にみるみる涙が溢《あふ》れ、けいは不意に手で顔を覆うと、肩をふるわせて泣き出した。そして、けいはついに畳に身体を投げ出し、身を揉《も》んで泣いた。けいはいまはじめて、三百里の道を旅して帰った心細さに気づいたふうにも見えた」

波十郎は、縁側に出て伸びるにまかせた庭の草を眺めます。

「うしろで、まだけいの泣き声がつづいている。泣きたいだけ、泣かせておこうと波十郎は思った。それにしても、ふだん涙も見せない女が、一たん泣き出すと豪勢に泣くものだ、とも思った」

この「一たん泣き出すと豪勢に泣くものだ」というところが、そこはかとなくおかしい。おこがましい言い方ですが、藤沢周平という作家の円熟を思いました。ゆとりが生んだ一行です。この言葉の奥には、泣き崩れるけいをいつくしみながらも、やや突き放して見ている第三者の目がありります。少々泣きすぎる娘の様子をいたわりつつも、ややあきれている波十郎のゆとりの目がある。そのゆとりの目があるからこそ、波十郎にせよ、けいにせよ、この短編の主人公は、等身大の、血の通った人間として描かれている、ということになるのでしょうか。

藤沢が小説を書きはじめたころは「暗い色合い」のものばかり書いていた、と回想しています。「私自身当時の小説を読み返すと少々苦痛を感じるほどに、暗い仕上がりのものが多い。男女の愛は別離で終わるし、武士は死んで物語が終わるというふうだった」

「暗い色合い」の小説ばかりがその後もつづいたのなら、藤沢は、いまほどの評判にはならなかった、と思います。

しかし、「ある時期からごく自然に私の小説の中に入りこんで来た」ものがあった。「かなり鈍重な感じのものにしろ、それはユーモアの要素だった。そのことを方法として自覚したのが、『小説新潮』に連載した『用心棒日月抄』あたりからだ」とご自身で書いています。『日月抄』には、藤沢周平という作家が作品と向き合うなかでしだいに身につけた「ゆとり」があり、そこから生まれるユーモアがあります。

藤沢周平からいきなり飛んで月刊「少年倶楽部」の話になります。いくらなんでも飛びすぎだと思われるでしょうが、まあ、勘弁してください。戦前の「少年倶楽部」は、大変な発行部数だったと思います(のちに「少年クラブ」、一九六二年廃刊)。私なんかも、付録のたくさんついた新刊を本屋さんが配達してくれたときのはずむ気持ちをいまも覚えています。

この雑誌には、読者の投稿による「笑い話」の欄がありました。投稿者には大人もいたかもしれませんが、基本は子どもだったようです。一九四〇年前後は、戦中戦後の嵐に襲われた時代でしたが、こういう、ほっとする欄もあったのです。参考までにいくつか紹介しましょう。

○「すましたもの」

あるそゝつかしやが、帽子をかぶつたまゝ、風呂へとびこんだ。
それを見た人が『あなたは帽子を忘れてゐますよ。』

すると、あわてて頭に手をやったが、『からかつちや、いけませんよ。帽子はちやんとかぶつてゐます。』

（氏名なし、一九三七年）

○「一歩前」

先生『偉くなるには、なんでも人より一歩前を進むことです。』

トン吉『では、僕、カレンダーを一日早くはがしておきます。』

（山形県　渡部文雄、一九三七年）

○「走りだす」

年始に行って、帰りがけに、

弟『兄さん、あの木炭自動車は、ずゐぶんよく走るね。』

兄『あたりまへぢやないか。誰だつて、おしりに火がつけば、じつとしてなんか、ゐられないよ。』

（大阪市　伊勢田健、一九四二年）

○「それでよいか」

坊『この貯金箱、いくら？』

店の主人『十銭です。』
坊『いま一銭入れたから、九銭はらひますよ。』
（高知県　上田勝清、一九四二年）

○「こんなにおしえても」
先生『こんなに、かんでくだいておしえても、まだわからないのですか。』
生徒『はい、よくのみこめないんです。』
（青森県　樋口勇一、一九四九年）

○「英語はやさしい」
弟『にいさん、英語は、やさしいね。』
兄『どうして？』
弟『だって、グローブのことを、グローブというもの。』
（愛知県　寺部森明、一九四九年）

たとえ戦時中でも、戦後の焼け跡の時代でも、ゆとりの大河は人びとの暮らしのなかを滔々と流れていたのです。そういえば、変哲こと小沢昭一にこんな句がありました。

「椎の実の降る夜少年倶楽部かな」

小沢昭一『散りぎわの花』文春文庫、二〇〇五年
「ベスト・ドレッサー」、小沢昭一『あたく史外伝』新潮文庫、二〇〇五年
「泣くな、けい」、藤沢周平『夜の橋』中公文庫、一九八四年
「転機の作物」、藤沢周平『小説の周辺』文春文庫、一九九〇年
杉山亮選・解説『のどかで懐かしい「少年倶楽部」の笑い話』講談社、二〇〇四年

13 抑える

「(俳句の世界では)『情』を作品の背後に隠す習練が要請されるのである」(復本一郎)

明治・大正期の俳人、大須賀乙字《おつじ》はかつて「俳句は、殊《こと》に情のねばりを嫌うべし」という言葉を残しています。国文学者、復本《ふくもと》一郎は、この言葉をうけて、冒頭の言葉を書いているのです。「情」を作品の背後に隠す、ということは「抑えること」と翻訳してもいいでしょう。

舞台でも映画でもテレビドラマでも、むきだしの悲嘆、あからさまな愁嘆場を見せつけられて、興ざめた思いになることが間々あります。もう少し抑えた演技のほうが、かえって思いの深さが伝わってくるのにと思うことがよくあります。

復本も乙字も「情のねばりを嫌う」のは、俳句の世界のこととして述べているのですが、この二人の言葉は、俳句だけではなく、文章修業、俳優修業の教訓として受けとることができる、と私は思っています。

文章の場合、みなさん経験がおありでしょう。

怒りにまかせて手紙を書く。しかし、書いたら一日置け、とよくいいます。一日たって怒りがややおさまったところで読み返すと、興奮のあまり書き過ぎていることがわかる。言いすぎているところ、ひとりよがりのところが目につく。怒りがうすらぐのを待って書きなおせば、もっと説得力のあるものになるはずです。

相手に、自分の思いをきちんと伝えたいのであれば、激しい感情のたかぶりを抑えることです、と偉そうにいっていますが、わが身を省みれば、このあたりのことは人に説く自信がありません。

井伏鱒二の代表作『黒い雨』は、原爆がいかに生身の人間を破壊していったかということをつぶさに描いています。広島の街を逃げ歩く主人公はおびただしい数の死者に出あいます。

「護国神社の堤のわきに、銃を立銃《たてつつ》にして持つた歩哨が立つてゐた。近寄つて見ると、堤に背を凭《もた》せて目をぱつちり開いた死人の歩哨であつた。襟の階級章で見ると陸軍一等兵である。三十七八歳の年配で兵卒としては老兵だが、何となく品格のある顔だちだ」

このあとに、こんな文章が続きます。

「『あら、キグチコヘイ(木口小平)のやうな』

シゲ子がさう云つた。実は、僕もキグチコヘイの故事を思ひ出してゐたところだが、

『こら、失言だぞ』

とシゲ子を叱った」

銃を立銃にしたまま死ぬ。それは原爆のすさまじさを示すものですが、そこのところに「品格」というやや違和感のある言葉が出てきて、「キグチコヘイ」が出てくる。一種のすりかえです。キグチコヘイといっても若い人にはわからないかもしれません。日清戦争のとき、戦火の中で進軍ラッパを手から放さずに死んでいった兵士のことです。

シゲ子は主人公の妻です。キグチコヘイのようだというのは死んでもラッパを放さなかったことをいっているのですが、それはうっかりすると、死者をからかったものと受け取られる恐れがある。だから「失言だぞ」という言葉になるのです。

ここでいいたいのは、品格、キグチコヘイ、失言、といった言葉がでてくることで場面の「すりかえ」がある、ということです。井伏は「文章を書くとき詠嘆的になりかけると、照れくさくて、別の気分で感じる場面にすりかえたくなる」といっています。

悲惨だ、悲惨だ、と書きたてるよりも、品格やキグチコヘイが出てくることで逆に「むごさ」がきわだつということがあり、ここに井伏鱒二の文章の秘密があります。いや、秘密なんていうと、おおげさにすぎるよと天国で釣をしている井伏にいわれるかもしれませんが……。

こんな場面もありました。

「堤防の上の道のまんなかに、一人の女が横に伸びて死んでゐるのが遠くから見えた。先に立つて歩いてゐた矢須子(姪)が『をぢさん、をぢさん』と後戻りして泣きだした。近づいて見ると、三歳くらゐの女の児が、死体のワンピースの胸を開いて乳房をいぢつてゐる。僕らが近寄るので、両の乳をしつかり握り、僕らの方を見て不安さうな顔つきをした。

どうしてやるすべもないではないか。さう思ふよりほかに手がなかつた。とにかく女の児を驚かさないやうに、僕は死体の足をそつと越え、すたすたと十メートルほど下つて行つた」

この「すたすた」は、文脈からいってなにか異質な形容に思えます。が、この場合、「すたすた」が一番ふさわしいということに気づきます。女の児になにもしてやれない。助けてやれない。そういう自分を責めながら一刻もはやく立ち去りたいと思う。その心根が「すたすた」にこめられています。ここにも、すりかえの技法があります。感傷の抑制があります。もう一場面、引用しましょう。

「僕が六日の日に避難するときには、このあたりの道ばたの大きな防火用水タンクに、三人の女が裸体に近い恰好で入つて死んでゐた。水はタンクの八分目ぐらゐまで溜つてゐたやうだ。今度はそのタンクに決して目を向けないで通つて行かうと思つたが、見まいとしながら、ちらりと見てしまつたことは是非もない。逆さになつた女の尻から大腸が長さにして三尺あまりも噴きだして、径三寸あまりの太さに脹《ふく》らんでゐた。それが少し縺《もつ》れを持つた輪型になつて水に浮かび、風船のやうに風に吹かれながら右に左に揺れてゐた」

「原爆の惨禍」という言葉だけでは伝えられない情景です。人間の尊厳をこなごなに打ち砕く酸鼻な世界です。そしてここでも「風船のやうに風に吹かれながら右に左に揺れてゐた」というくだりに「違う場面へのきりかえ」という作家の意思があるように思います。

本来、風に揺れてふんわりと空に舞う風船は、のどやかさの象徴です。それをもっとも酷《むご》い場面にもってくるというところに、井伏鱒二の「感傷や詠嘆を抑える」技が働いていると私は思います。

抑えることによって文章の力は失《う》せるのではなく、かえって力が加わるのです。

もう一つ、こういう例があります。

英文学者、中野好夫の曾祖父は、並河聴雨《ちょうう》という儒学者でした。曾祖父は七十をすぎて妻を失ったとき、歳末の日記にこう書いていたそうです。

「おみさ(亡妻の名)居らねば餅つく気もせず」

この簡潔な短い言葉に、孤独な境涯の心境がにじみでている、と曾孫の中野好夫は書いています。妻を失った聴雨は、年の瀬の日々、近所から聞こえてくる餅つきのにぎわい、大掃除の畳を打つ音なんかを聞きながら、亡き妻のかいがいしく働く姿を思っている。掃除をする気にもなれず、近所の衆が餅つきの知らせをくれるがその気にもなれない。

「なまじわびしいだの、淋しいだのとあるよりも、はるかにこの圧縮の極致ともいうべき簡潔、具象性の一句の方が、老来なんともいえぬ孤独の寂寥《せきりょう》さを、一刀彫《いっとうぼ》りのノミ痕《あと》のように彫り出していた」

中野好夫のこの文章を読んだあと、ふたたび聴雨の「おみさ居らねば餅つく気もせず」を読み、「抑える」ということの大切さを思いました。

復本一郎『俳人名言集』朝日新聞社、一九八九年
「黒い雨」『井伏鱒二自選全集(六)』新潮社、一九八六年(初出は一九六五年)
「わたしの文章心得」『ちくま日本文学全集・中野好夫』筑摩書房、一九九三年(初出は一九七三年)

Ⅲ　推敲する

1　書き直す

「いったん下書きしたものを、あれこれ手を入れて磨き上げて行くことは、非常に大事なことだ。私自身は、頭の中に文が出来上がるまで筆をとらないほうなので、頭の中での書き直しが多いのだが、それでもノートに粗原稿《あら》を書いて読み直し書き直しをすることも少なくない」

（板坂　元）

『考える技術・書く技術』の著者、板坂元は、文章の書き直しをするとき、「視覚的なイメージ」を大切にせよと説いています。たとえばかつてのイギリス首相、チャーチルの有名な演説に「私が祖国に対してできることは、血と努力と涙と汗以外に何もない」というのがありました。これを聞いた人びとは、たいてい「血と涙と汗」だけは記憶しているが、「努力」は記憶していなかった。なぜか。「血と涙と汗」は具象的で聞く人の頭の中にイメージができやすい。が、「努力」は絵にならないから人びとの記憶からすべり落ちた、というのです。

「十階建てのビル」というよりは、「煉瓦色の十階建てのビル」のほうが記憶にとどまりやすいし、「コートを着た女性」よりも、「緑色のコートを着た、背の高い女性」のほうが印象に残る。

作家、宮本輝は無名のころ、『泥の河』を世に問うまで何回も何回も書き直したそうです。池上義一という同人雑誌の編集をしている人が原稿を見ては、文章の欠点や構成上の欠点を指摘し、「焦らず書きつづけていきなさい」と励ましてくれました。「いい作品だ」といわれるまで、七回も書き直した、ということです。

作家、髙村薫は、自作の『神の火』を文庫にするとき、文庫用のゲラを読み、こう思ったそうです。

「わたくしは他人として読み始め、数十ページで投げ出してしまった。文章の稚拙、構成の不備、人物造形の浅はかさといった表面的な拙さは大目に見ても、この作者が何を書こうとしているのか、どうしてもぴんと来なかったのだ」

髙村は、それから五カ月近くを費やして自分の作品の大半をワープロで書き直す結果となる。

「物書きは自虐の悦びを知っている人種だと思うが、自分を認めて現状を肯定するよりは、分解し、叩き潰すことで新たな地平を開こうとあがくものである」

髙村には、「裸の王様」になってはならぬという思いがあったのでしょう。

「大幅な書き直しによって、わたくしは『神の火』から不純物を取り除き、不完全ながら、サスペンスの常道に戻したつもりである」

自分の原稿に対して、きわめて厳しい読者だったのです。

新聞社の論説委員室にいて、書く人には二通りあるということを痛感しました。

私は書くのが遅くて、書きはじめる前に時間がかかり、書きはじめてからも、もたもたしている。書いては直し、消しゴムばかりを消費している。

しかし、仲間のなかには、鉛筆を手にすると、一気に書き、たちまち書き終えてしまう人もいました。むろん書きはじめるまでには準備に時間をかけているのでしょうが、いったん書き出すと速い。そうやって一気に書きあげる人をいつもうらやましく思っていました。

でも、一気に書き終える人も、書くのが遅い人も、できあがった原稿の推敲をすることに変わりはありません。推敲では、どういう点に心を配ったらいいのか。そのことを改めて自分にいいきかせるために、私自身が注意した点を参考までに書きつらねます。

①一読して、主題(あなたがこのことを伝えたいと思っていること)がはっきりと浮かび上がっているかどうか。

②文章がちゃんと、こころよく流れているかどうか。ゆっくりと何回も読みかえしてみる。

③ひきこまれて読む、というおもしろさがあるかどうか。
④自分が読み上げている文章を、読み手がすんなりと理解できると思うか。
⑤とくに書き出しの文章がもたもたしていないか。すっきりしていて、人をひきつける力があるかどうか。
⑥過剰な表現がないか。文章に湿りけが多すぎないだろうか。もっと乾かしたほうがいいのではないか。
⑦一定の枚数に内容を盛りこみすぎて、文章が窮屈になっていないだろうか。その逆に、字数のわりに内容がうすすぎるということはないか。
⑧結びの文章のおさまりがいいかどうか。
⑨一つの文が長すぎて読みにくくなっているところはないか。長すぎる文は二つに分ける工夫をしよう。
⑩改行をふやして、段落を多くしているかどうか。
⑪漢字とひらがなの割合はどうか。漢字が多すぎて、ページ全体が黒っぽくなっているということはないか。
⑫言葉の順序がおかしくないか。
たとえば「ふと、山道を歩いていてヤマザクラに出あう」は、「山道を歩いていて、ふとヤマ

ザクラに出あう」のほうがいい。

⑬文末が単調になっていることはないか。たとえば「である」が何回もつづいたり、「だった」が何回もつづいたりということは原則として避けたい。

⑭まだまだ削れるところがあるのではないか。

⑮同じ言葉が何回も出てきて、うっとうしいことはないか。たとえば短い文章に「私」や「彼」がやたらに多かったり、「美しい」「清冽」「おいしい」が何回も出てきたり、ということはないか。

⑯紋切型の表現はないか。

⑰難しい専門用語をそのまま使ってはいないか。

⑱不用意に外来語を使っていることはないか。日本語で表現できるのなら、そのほうがいい。

⑲書かれていることに間違いはないか。もう一度、点検してみる。あとで調べるなどと先送りせず、すぐ調べる。

⑳字の間違い、数字の間違いはないか。

㉑人名、地名はもう一度、確認する。

㉒引用文の内容に間違いはないかどうか。

㉓孫引きは危ない。原典にあたること。

板坂元『何を書くか、どう書くか』カッパ・ブックス、一九八〇年
宮本輝『命の器』講談社、一九八三年
髙村薫『半眼訥訥《とつとつ》』文藝春秋、二〇〇〇年

2 削る

「文章の中の、ここの箇所は切り捨てたらよいものか、それとも、このままのはうがよいものか、途方にくれた場合には、必ずその箇所を切り捨てなければいけない。いはんや、その箇所に何か書き加へるなど、もつてのほかといふべきであらう」（太宰 治）

書くことは、つねに削るという動詞をともなう作業です。もう削るところがない、これ以上はもったいなくて削れないと嘆きながらも、さらに十字、百字と削ってゆく。それが私の日々の仕事です。

削れば削るほど文章がよくなるかといわれれば「多くの場合はそうだろう」というほかはありません。場合によっては文章がひきしまってくるでしょうし、場合によってはかえって悪くなることがないとはいえない。

おおざっぱにいって、「途方にくれた場合は削れ」という太宰治の忠告には耳を傾けたい。さらにいえば、削ることは、べつの部分をきわだたせるということも考えておきたい。削っているうちに、なかなか削れないところ、削ってはならないと思うところがいっそう、きわだってきます。その部分をさらにきわだたせるために、ほかの部分をさらに厳しく削る。残したい部分に、なにがしかの文章を書き加える。そうすると、主題がさらにはっきりしてくる。つまり、全体として、削れば削るほど文章の本質が浮かびあがってくる、ということはあるでしょう。

作家、瀬戸内寂聴は、文章を削ることを仏像彫刻になぞらえています。「わたしは仏像を彫るのをちょっと習ったのですが、松久朋琳先生が教えてくれるとき、『瀬戸内さん、仏様を彫るということは、木のなかにいらっしゃる仏様におでまし願うんだ。木をずっと削いでいって、……仏様のお肌にノミが当たって血が出る、そこまで削がなければほんとうの仏様ではない』。そういうふうに教わりました。それは文章も同じだと思いましたね」

息せききって書いた文章を読み返してみると、同じ言葉の繰り返しが多いことに自分であきれることが再三あります。そういうところを刈り取ってゆく。「私」や「ぼく」が必要以上に多い場合がある。削る、言い換えるという作業を怠ってはいけません。

山口瞳はこう書いています。

「『ひとつの頁に、たとえば、鮮烈という言葉が二度も三度も出てくるような文章はいい文章ではありません』と彼等は言う。私もその通りだと思う」

彼等、というのは雑誌の編集者たちのことです。

削ることの大切さを説く先達たちは少なくありません。大岡昇平は書いています。「なるべく少ない言葉で、自分の言いたいと思うことを読者に伝えること——これは、紙と活字の節約であるだけでなく、読む側に一種の快感を生むから、結局とくだ、と思う」

自分が書いた文章を削るときは、「もったいない」という気持ちが働きます。自分で書いたものには愛着があります。ちょっと冗長かなと思ってもなかなか削れない。でも、ときには蛮勇をふるっても削ったほうがいい。読み手は、ちょっと冗長なところ、くどいところがあれば、もうそれだけで読むのをやめるかもしれない。辛抱強くつきあってはくれません。人さまに読んでもらうためにも文章を削るのは大切なことなのです。

「削る」という行為を思うとき、頭に浮かぶのは井伏鱒二のことです。

『山椒魚』という作品を『井伏鱒二自選全集』に収めるとき、井伏は、最後のところ、約五百字をばっさり削ってしまったのです。

この作品を発表したのは一九二三年(大正十二年)で、井伏が二十六歳のときでした。自選全集の第一巻が発行されたのは一九八五年(昭和六十年)で、八十八歳のときです。作品が生まれて、六十二年後になって「結び」の部分をばっさりと削ったのです。二十六歳のときに発表した作品の結びの部分を、九十歳近くなって削ったということに、正直、しぶとい方だなあ、という感想をもちました。

削ったところは、岩屋の中に閉じ込められた山椒魚と蛙との和解めいたやりとりのある部分でした。そこを削ったということは、和解とか友情とか、そういう温かいものを拒む心の営みが八十八歳の井伏の中に強まっていたということでしょうか。時代の閉塞感の厳しさを表現したかったのか。あるいは湿っぽいとまではいかないまでも、やや湿り気のあるところを乾かす効果のために削ったのか。大胆といえば大胆な「削り」でした。

私は、井伏文学に親しむようになったのは、『山椒魚』を読んでからでした。削る前の作品に、長い間、親しみを感じていたので、なぜ削ってしまうのかという思いが先にたちましたが、今回、改めて、最後の約五百字を削った作品と、削る前の作品とを読みくらべてみました。削る前の結びのほうが救いがありますが、一方で、和解めいた方向を暗示する部分をすぱっと削ってしまったことで、作品はひきしまった、とも思いました。強さ、という意味では、削ったことで作品は強い力をもったとも思いました。勇気のある「削り」でした。

私の場合ですが、原稿を書くとき、予定の字数をかなり上回るところまで書いたときのほうが、調子がいい。

それをぐさりと削ります。「もうこれ以上はむりだよ」と自分のなかのAがいいます。「まだまだ削れるよ」ともう一人のBがいい、AとBの格闘がつづきます。やっとの思いで予定の字数まで圧縮する。「ほら、やりゃあできるんだよ」とBが得意げにいい、Aはまだ残念がっている。

それでも、「迷ったときは削れ」という太宰治の発言を支持しています。正直いって、大幅に削ることができたあとは、ちょっぴり快感めいたものがあるんですが、皆さんはいかがですか。

「もの思ふ葦(その一)」『太宰治全集(一〇)』筑摩書房、一九六七年

水上勉・瀬戸内寂聴『文章修業』岩波書店、一九九七年

山口瞳「天の時、地の利」、週刊朝日編『私の文章修業』朝日新聞社、一九七九年

大岡昇平「翻訳しながら……」、週刊朝日編『私の文章修業』朝日新聞社、一九七九年

「山椒魚」『井伏鱒二自選全集(一)』新潮社、一九八五年

3　紋切型を避ける

「ぼくはエキスポ70にさいして、中心の広場に『太陽の塔』を作った。およそ気どった近代主義ではないし、また日本調とよばれる伝統主義のパターンとも無縁である。逆にそれらを告発する気配を負って、高々とそびえ立たせた。孤独であると同時に、ある時点でのぎりぎりの絶対感を打ち出したつもりだ。……そのオリジナリティ(独創性)にこそ、一般を強烈にひきつける呪力があったのだ」(岡本太郎)

紋切型。①紋形を切り抜くための型。②決まりきった型式。型どおりのやり方や見方。おさだまり。ステレオタイプ(型にはまっていること)(広辞苑)

紋切型のことを書こうと思ったとき、突然、あの大阪万博公園の「太陽の塔」の姿がありありと見えてきました。高さ六十五メートルの巨人は、制作者、岡本太郎の生涯がそうであったように、群れることなく、独りぼっちでいまも立っています。

塔には野放図なおおらかさがあります。正面の太陽の顔はガキ大将の太郎の顔です。

岡本太郎は自分の作品の独創性を強調していますが、たしかに、この塔ほど紋切型というものと縁遠い作品はないでしょう。四十年近くをへた今日でも、塔は見るものの胸に、きわめて「ベラボウなもの」を強く激しく放射しています。

太郎は「ものを作る」ことを人にすすめるため、こんな言葉を残しています。

「手で作るというのは、実は手先ではなく、心で作るのだ。生活の中で、自分で情熱をそこにつぎ込んで、ものを作る。楽しみ、解放感、そして何か冒険、つまり、うまくいかないのではないか、失敗するかもしれない、等々いささかの不安をのり越えながら作る。そこに生きている夢、生活感のドラマがこめられている。心が参加して、なまなましく働いていることが手づくりの本質だと言いたい」


ものを作るとき、器用である必要はない。

「むしろ下手の方がよいのだ。笑い出すほど不器用であれば、それはかえって楽しいのではないか。平気でどんどん作って、生活を豊かにひらいていく。そうすべきなのである。意外にも美しく、うれしいものが出来る」

いい言葉です。ここで、岡本太郎が「作る」という動詞で説明しているところを「書く」という動詞に変えて読み直してください。そのことを太郎は予期していたのだと思うほど、この文章は「書く」という行為のきわめて大切な部分をいいあてているように思えてなりません。ものを書くうえで独自の世界をめざす、ということは「紋切型」と格闘しながら書くということでしょう。冒険を恐れずに書くことは、生活を豊かにすることでしょう。そういう大切なことの数々を太郎は教えてくれています。

事件・事故があった場合の責任者の「謝り方」にも、紋切型があります。「事態を真摯に受け止めまして」「原点に立ち返って」「精一杯の対応をするとともに」「さっそく取り組みの強化をはかり」「よりよき対策を構築いたしたい所存でございます」

大体は、右にあげたような言葉を使い、深々と頭を下げることで儀式を終えます。そこには、自分の内側から発する言葉がない。具体的に「なにをどうするか」という答えを明らかにしてもらいたいのに、それが出てきません。

政治家がなにか失言をしたときの「謝り方」の特徴は、自分のいったことのどこが間違っていたかということをあいまいにしたまま、「皆様にご迷惑をかけましたことをおわびします」「皆様に誤解を与えたことはまことに遺憾でありまして」という言い方です。自分のやったこと、あるいは自分が発言したことのここが間違っていた、だから謝るというのではなくて、もっぱら「迷惑をかけたこと」と「誤解を与えたこと」が遺憾だったという。結局は、はたが迷惑したり、はたの人に誤解させたことは謝るが、そのおおもとにある自分の行為、自分の発言の正否はうやむやにしてしまう。こういう常套手段もまた、長年使われ、ますますみがきがかかった紋切型となっています。

「美辞麗句」という言葉も一種の紋切型でしょう。過剰な形容詞を使った文章をからかうときなどに「美辞麗句ばかり並べて……」と使ったりします。たとえば昨今の宰相たちの施政方針演説を聞くたびに、そういってはなんですが、美辞麗句勢ぞろいの感がありました。

「国民一人ひとりが豊かな生活を送ることができる活力ある社会を構築して」
「相互理解と信頼に基づいた未来志向の友好関係を構築して」
「勇気と情熱を持って、日本の明るい未来を築こう」
「活力とチャンスと優しさに満ちあふれた『美しい国、日本』をめざす」
「戦後レジームを大胆に見直し、新たな船出を」
「『美しい国創り』に向けたあらゆる政策を断固として実行」
「国民が未来に夢や希望を持ち」
「チャンスにあふれ、誰でも何度でもチャレンジが可能な社会を」

優しい、明るい、美しい、新しいという言葉をちりばめた形容過剰の文言に接しながら、私はジャーナリズムの世界の大先輩、むのたけじ(一九四八年、週刊新聞『たいまつ』を創刊)の言葉を思い出していました。むのはいいます。

「長い間、ものを書くことを職とした体験から、確信をもっていえる。形容詞の多すぎる言葉は信用しないほうがいい」

どなたか業績のある方が亡くなると「一つの時代が終わった」という表現が新聞・雑誌に現れます。これもいまは紋切型の一つです。その人の死によって、その時代のなにが終わってしまったのか、綿密な検討をしないと、断定的にそういうのは危険です。でも、「一つの時代が終わった」という使い古された言葉を使えば、なんとなく格好がつく。そこに落とし穴があります。

スポーツ紙を開くと「百戦錬磨の左腕」「丸太のような両腕」「息の根を止める貴重な適時打」「プロの洗礼」「きょうの勝因は○○選手の活躍に尽きますね」なんていうおおぎょうな決まり文句が景気よく出てきます。それがスポーツ紙らしい「熱っぽさ」を表現しているのでしょうが、これらの使い古された表現も、そろそろ交代の時期にあるのではないでしょうか。

ある言葉が、はじめて使われたときは、それなりのおもしろさもあったのでしょうが、使われてゆくうちにおもしろさがうすらぎ、薄汚れてきます。それが紋切型といわれる言葉の群れです。なにが紋切型か、それを見きわめる目を養う、というのはたやすいようで難しい。「おはよう」

「ありがとう」「歩く」「遊ぶ」はみな、紋切型に違いはありませんが、文章を書くときに避けなければならない紋切型とは違います。「ありがとう」「歩く」などは生活の基本語です。「歩く」は紋切型だから、私は「ウオーク」を使おうなどという人はまずいないでしょうが、「これは、避けたほうがいい紋切型の言葉だ」ということを見きわめるには、日常の読み、書きの習練によって得られる眼力がものをいいます。

岡本太郎『自分の中に毒を持て』青春文庫、一九九三年

4　いやな言葉は使わない

「何でもかんでも『お』を被せるのは下品だ。特にカタカナの単語に『お』をつけるのは、ほとんどコントである。『お紅茶』は許せるけど、『おコーヒー』『おビール』などといわれると、それだけでその人の目をまっすぐ見れなくなってしまう」（甘糟りり子）

作家、甘糟りり子はさらに書いています。

「女性誌などで頻繁に使われる『自分探し』といういい回しが苦手だ。使い方としては、『自分探しの旅に出る』なんていうのが定番だが、家出人の捜索じゃないんだからねえ。鏡でも見ればそこにあなたはいますよ、と嫌味のひとつもいいたくなる」

「自分みがき」「自分にご褒美」という言葉も気になる。なんでもかんでも「プチ」をつけて、プチ整形とかプチ家出とかいうのも、中途半端に古臭い。スマート・カジュアルをスマカジといったり、アダルト・チルドレンをアダチルといったりする。カタカナ用語の省略は、いっている本人がウイットに富んでいるつもり（もしくはツウのつもり）なのが痛々しい、と書いています。

甘糟の文章には歯に衣《きぬ》着せぬ、というところがあって、読んでいて爽快です。「いまの風」をまとっているというのでしょうか、おしゃれで、凜々《りり》しさのある文章です。選挙のとき、政治家がやたらに「させていただく」を連発するのも気に入らない。

「政治家の『させていただく』は、明らかに傲慢《ごうまん》隠しだ。国民のために政治を『させて頂く』という気持ちの政治家ばかりだったら、世の中がらりと違っているはずであろう」という鋭い指摘があります。

甘糟が並べる「いやな言葉」「きらいな言い方」を拾っていて気づくのは、「ぶる」ことへの嫌悪感でした。上品ぶる、謙虚ぶる、知的ぶる……。コーヒーやビールに「お」をつけるのも、園遊会でやたらに「――ございます」を連発するのも上品ぶることだし、政治家がよく使う「させていただく」は謙虚ぶることの最たるものでしょう。

「心の芯《しん》で尊敬や謙譲を自覚していないのに、いや、していないからこそ、出来損ないの尊敬語や謙譲語を振り回す。これは滑稽だ」というわけです。

もう一つ、甘糟が「どうかな」と思っているのは、たとえば「恋愛をするときれいになる」といったたぐいの言葉です。本当にそうだろうか。

「相手によってはうきうきと楽しいだけではないし、嫉妬にとりつかれた表情はほとんどの場合あまり美しいものではない。恋愛をしたからといって、自動販売機に百円玉を入れれば出てくる缶ジュースのように、『きれい』が手に入るわけではない。

ひねくれて揚げ足をとっているようだが、私はこの類のいい回しを耳にすると、なんとなく居心地が悪くなる。そういわれてみればそうだけど、でも、当てはまらない人もいるんじゃないの、と反論したくなってしまう」

「女の直観は嘘を見破る」ともいうし、「男って弱い生き物だから」ともいいます。一種のことば遊びでしょうが、でも、こういう言葉を耳にすると、なんとなく居心地が悪いと甘糟は強調しています。

「女って」「男って」という定義めいた言葉は、男でも女でもあてはまるようでもあるし、男でも女でもあてはまらないようでもある。

「あの人はいい人だ」というのもよく聞く言葉ですが、実はなんともあやふやな定義だと思いますね。善意も悪意も誠意も不誠実も清も濁も慈悲も酷薄も、一人のなかにごちゃごちゃになっているのが人間のありのままの姿で、それを「いい人」という単純な枠にあてはめてしまう決めつけは、正確ではありません。

だれかが「男って弱い生き物だから」といえば、すぐにそれをうのみにして、あちこちでその言葉を使う。人はもっと、自分の言葉に「自分の思い」「自分の意志」「自分の感触」をしみこませたほうがいい、と私も思います。

自分のなかに「いやだと思う言葉」「居心地が悪くなる言葉」の数々をたくわえる。それを使うまいと思う。そして、その言葉がなぜいやなのか、なぜ気恥ずかしいのかを追求してみる。そのことは、当然、言葉に対するあなたの感覚をきたえることになるでしょう。

ちなみに、作家、中野重治は「総理」という言い方をいやがりました。それなら外務大臣は「外務」と呼ぶのか。文部大臣(当時)は「文部」と呼ぶのか、というわけです。

山口瞳は、「物書き」という言い方は絶対にしない、と思いながら自分の随筆のなかについその言葉を使ってしまい、しかも、そのことを知人に指摘されておおいにくさったという話を書いています。

日本語のお目付役だった江國滋は、いやな言葉、恥ずかしくなる言葉の数々を指摘しています。たとえば新聞なんかがよく使う「……としている」という言い方には腹が立つ。「被告は『体調が悪い』として、不出頭許可願を出した」「元首相周辺は『詳しい話はしなかった』としている」という書き方があちこちに出るのを江國は嘆き、「としている症候群」と名づけています。

「たかが○○、されど○○」も気に入らない。それを初めて使った人の文章感覚には敬意を払うが、「たかがラーメン、されどラーメン」「たかが野球、されど野球」というようにだれもが真似をするようになると、「いいかげんにしてもらいたいもんだ」と江國は思う。「あたしって、人にものをあげるのが好きなヒトなの」という言い方なんか、聞いていて、恥ずかしくてたまらないと書いています。だれかが「あたしって、なになにの人なの」といいだしたのがおおいにはやりだしたのでしょうか。江國は、そういうところがたまらなくいやだったのでしょう。

昔、シジマチゾクという言葉がはやりました。指示が出ないとなにもできずにいる人がふえている、という現象をいったものでした。世の中に指示や手引きがふえ、レストランやスーパーでの応対の言葉が、一律になってきたという背景もありました。その傾向はますます激しくなっているという実感があります。

文章を書くときは、シジマチゾク的な、お仕着せ的な文章を超えたい。と、ここまで書いて、はて、お前さんがいままで書いてきたものはどうなんだ、「シジマチ」の風潮に迎合しているところが皆無だったかといわれると、なにやら恐ろしい気持ちに襲われるのです。いまさらこんなことをいうのもなんですが、文章論は難しい。

甘糟りり子『女はこうしてつくられる』筑摩書房、二〇〇五年
中野重治『日本語　実用の面』筑摩書房、一九七六年
江國滋『日本語八ツ当り』新潮社、一九八九年

5　比喩の工夫をする

直喩。比喩の一つ。あるものを他のものに直接たとえる表現法。「雪のようなはだ」「動かざること山のごとし」など。（角川必携国語辞典）

隠喩。比喩の一つ。「……のようだ」「……のごとし」などの形を用いず、そのものの特徴を直接他のもので表現する方法。「花のかんばせ」「金は力なり」の類。（大辞泉）

活喩（擬人法）。修辞法の一つ。人でないものを人に見立てて表現する技法。「海は招く」の類。（広辞苑）

比喩を使うのはなかなか難しい。うまくいった場合は、文章に生き生きとした説得力が備わります。しかし、下手をすると文章を壊してしまう。

随筆家、須賀敦子の比喩の使い方には、学びたいところがたくさんあります。須賀は、敬愛する詩人サバの足跡をたどるためイタリアのトリエステを訪ねます。サバは「二〇世紀イタリア最大の詩人」といわれる人です。その旅のことを書いた作品『トリエステの坂道』は、実に味わい深い作品です。この作品のなかで須賀がどのような形で「比喩」を効果的に使っているかをたどってみましょう。

夜更け、ミラノの空港に着き、トリエステ行の便を待ちます。ビジネス・スーツを着こんだ男ばかりの待合所で、須賀は息がつまりそうになる。「夜更けの飛行場にいる私は、まるで季節はずれの黒い小さな昆虫だった」

異邦人であることの心細さを表現した、効果的な比喩です。

さて、航空機がトリエステの空港に着く。闇の中をバスは走る。予約したホテルは丘の頂上の「向う側」にあるらしい。「(ホテルは)港から見たこの町のいわば背景になっていた丘の頂上を、まるで舞台の垂れ幕の裏側に跳びこんだみたいに、わずかのことだが『向う側』に降りたところにあった」

「舞台の垂れ幕の向う側」は観客には未知の世界です。この比喩にはどこに連れられてゆくのかという旅びとの不安感が表現されていますし、場所の説明としても効果的です。

朝、ホテルの小さな食堂からバルコニーに出て、思わず声をあげます。緊張した気分を一新するすばらしい眺めに、文章もはずんできます。「サバが愛したトリエステ。重なりあい、うねってつづく旧市街の黒いスレート屋根の上に、淡い色の空がひろがり、その向うにアドリア海があった。そして、それらすべてを背に、大きな白い花束のようなカモメの群れが、まるく輪をえがきながら宙に舞っている」

はずむ思いを表現するのに「白い花束」という比喩が効いています。それは、「詩人サバをもっと知りたい」という一念でやって来た東洋人の女性に対して、トリエステという街が贈る花束でした。

須賀の比喩は、心細い状態のときは、それにふさわしい比喩を、心躍るときはそれに合った比喩を選んでいます。だからこそ比喩が生きている。心細い夜は自分の姿を「黒い小さな昆虫」にたとえ、心躍る朝は「白い花束」というはれやかな言葉を使う。黒とか白とかの色の表現が心の状態を表しています。

朝食のあと「もつれてしまった毛糸の糸口を探すような気持で」、サバが経営した書店に向かうことにします。街を歩く。「色褪せた煉瓦のつらなりが大きな絵本のページをめくるようにつぎつぎとひらけていって……」「時代がかった喜劇役者みたいに靴の大きさばかりが目立つ長身の老人が戸口の階段に腰かけ……」
そんな光景の中を行くと、サバの書店がそばにある。しかし、すぐに目的地の店に入るのがもったいないという気持ちがある。「いずれは自分のものになることがわかっている宝物に、なにもあわてて跳びつくことはない。そんな気持もあるにはあったけれど、もうひとつは、ながいこと想い焦がれてきた対象を現実に手に入れてしまうのがなにか怖かったのだ。拮抗する思いの谷間に墜落したまま、私はサン・ニコロー街と交差する何本かの細い通りをあちこちに向けて歩いた」

このあたりの、こまやかな心理描写を読むと、この人の作品に心奪われる人が少なくない理由がわかります。「拮抗する思いの谷間」という比喩もいい。

「とりすました中産階級の住宅」は、「だまりこくった昼下がりの家並」と書かれ、街角にただよう「フレンチ・フライを揚げる匂い」は、「むかし友達とうたった歌のように薄色の夕方の空気にただよっている」と表現されます。

須賀の使う比喩には独自性があり、ときには意外性があって、文章に新鮮さを与えています。借りものの言葉ではなく、自分の感受性を信じているものの言葉がみごとに紡がれています。

須賀敦子の数々の比喩を紹介してきましたが、これらをそのまままねることをすすめるために引用したのではありません。もし須賀にまねることがあるとするならば、それは「つねに自分の独自の比喩を工夫する」ということでしょうか。

こんどは若い人の作品です。

作家、西加奈子の『さくら』は、二〇〇五年に出版されました。

すばらしい人だった「兄ちゃん」のことなどを書いた本です。

兄ちゃんは交通事故のため「下半身の筋肉と顔の右半分の表情」を奪われてしまう。「この体で、また年を越すのが辛いです。　ギブアップ」という紙切れを残して、兄ちゃんは自殺します。

その兄ちゃんのことを、弟の目でつづった文章です。遺書を見た弟はいいます。それは「男らしい兄ちゃんの字じゃ無かった。『好きだ』と書くときに、少し力が入りすぎる、右肩あがりの、あの字じゃなかった。それはふにゃふにゃと頼りなく、間違って水で洗ってしまったレシートのように、触れるとぼろぼろと崩れてしまいそうだった」

兄ちゃんの姿はまさに「ぼろぼろに崩れてしまいそうなレシート」だと弟の目に映ったのでしょう。

兄ちゃんの葬式のとき、母さんは、語り手である「僕」の右手を強く握る。

「僕の右手は母さんのせいで、まるで大量の蚊《か》に刺されたみたいに、爪跡がたくさんついている」。この比喩も的確です。以下、猛烈に比喩が続きます。

「母さんの横顔は、熟れすぎたマンゴーみたいだ。だらりと垂れていて、触るとぐちゅぐちゅと汁が出て、ちょっと揺り動かすと、そのままぼとりと床に落ちてしまいそう。昔周りの皆に憧れのため息をつかせたアーモンド形の目は、今では脂肪に押されて、余分な種みたいに、顔にはりついている。……綺麗な赤が輝いていた唇は、キャラバン隊長の皮膚みたいにごわごわとしていて、涼しげな青が乗っていた瞼は、鬱蒼とした森の影みたいに黒い。目をつむると、それは余計黒さを増して、その黒は厄介なことに、僕の心の中にまで入り込んできそうだった」

少し過剰な表現だという人もいるでしょうが、息子を失い、悲しみの極にある母親の思いを表現するには、このくらいのくどさも、まあ、許されるでしょう。

比喩に関して思うことをまとめておきます。

①いい比喩は文章にいきいきとしたツヤを与える。

②比喩は、文章の流れ、文章の気分に沿ったものが望ましい。

③逆に、下手な比喩を使うと、文章を壊してしまう恐れがある。

④だれかが使った比喩をそのまままねしてはいけない。とくにそれがすぐれた比喩であればあるほど、まねをしてはいけない。自分独自の言葉を使うことに意をそそぎたい。

須賀敦子『トリエステの坂道』みすず書房、一九九五年
西加奈子『さくら』小学館、二〇〇五年

6　外来語の乱用を避ける

「だいたいＮＨＫニュースというのがいけない。エヌ・エッチ・ケー（とカタカナで書くの）ではいかにも間のびしている。だからＮＨＫと書くのだろうが、それならどうして日本放送協会、略して日放協という名前でいけなかったのか。これもふしぎである。ともかく日本語のお手本のように言われてきた日本放送協会がＮＨＫと名のった以上、これはもうどうしようもない天下の大勢である」

（多田道太郎）

コミュニケーション論の研究者、多田道太郎が「どうしようもない天下の大勢」というのは、カタカナ言葉とローマ字の隆盛がもはやとどまるところを知らない、という趨勢をさしているのです。

日本放送協会がＮＨＫを名乗り、旧国鉄がＪＲを名乗り、農協もまたＪＡを名乗るようになってから、つまり日本を代表する三つの巨大組織が日本語の表記を捨てて、ローマ字表記の名を名乗るようになってから、天下の大勢はいっそう外来語、ローマ字許容へと勢いよく進んできたようです。

時代の趨勢とあきらめるほかはないのでしょうか。

このごろは、新聞を読みながらぶつぶついっている自分を発見することが少なくありません。新聞に「機械のトラブルがあって」と書いてあれば、いちいちそれを「故障、事故、不具合、異状」のどれをあてはめるのが適当かを考え、「最後のチャンス」と書いてあれば「機会、好機」のどちらがいいかを考え、「今後のスタンダードを」とあれば、「基準、標準、規準」とつぶやいて、カタカナ言葉を読み替えようとしている。いまの記者はなぜ、こんなにカタカナ言葉が好きなのだろうといぶかしむ思いです。きれいな、わかりやすい日本語を使うというのは、新聞の大切な基本原則だと思うのですが、もはや天下の大勢にそむくのは難しい状況になりました。

新聞だけではありません。

こころみに、「科学技術白書」を手にしました。こんな文章が目に入ります。

「国際競争力のある地域クラスターの育成により、競争力のある地域イノベーション・システムを構築することが重要である」「産学官のネットワークを形成することを目指す『知的クラスター創成事業』が実施されるようになった」「大学発ベンチャーやスピンオフベンチャー(注)の創出力が弱いことが課題として挙げられる。これにはベンチャーキャピタルやエンジェル投資等のリスクマネーの不足、起業を志す人材の不足が影響していると言われている」

すらすらとわかる、というわけにはいかない。

文中の(注)のところを読むと「未利用技術・人材・資本等の事業資源の分離(スピンオフ)により、親元企業から独立したベンチャーをいう」とあって、ますます難しい。

こうも堂々と難解なカタカナ言葉を並べられると、理解できないお前さんのほうが悪いのだ、と責めたてられている気持ちになります。

これを書いた人は、行政の内容を日本語で育った人たちに知らせるための白書の意味をどう思っているのでしょうか。

科学技術リテラシー、社内ベンチャー、産業クラスター、マネジメントルール策定、本来のミッション、インキュベーション機能、マーケットニーズのフィードバック……。こういうカタカナ言葉を平気で並べる人の書く白書を読みながら、日本語の将来にやや絶望的な気持ちをもたざるをえないのです。

「厚生労働白書」をひろげてみます。ああ、ここでも、ネガティブリスト化とか、パッケージ事業とかいった言葉が並びます。「地域支え愛プラン」なんていうのもありますが、こういうへんな言葉には二度とお目にかかりたくないですね。

新聞、テレビ、役所の文書は、日本の言葉で伝えられる場合は日本語を使い、外来語の使用は、どうしても日本語では表現できない場合に限ることにすべきだ、とわかりきっていることができないでいる。それどころか、役所が率先してクールビズとか、ホワイトカラー・エグゼンプションとかいう言葉をはやらせるのは、ひそかに日本語の破壊を企図している証拠だと非難されても仕方がないでしょう。

行政やマスメディアは、カタカナ言葉の氾濫に対して、ある程度の原則をもつべきです。

①世の中の動きにつれて、いかなるカタカナ言葉も「はやるものははやるのだ。やむをえない」という態度をとる。いってみれば今のまま野放しにするという、全面降伏の原則です。

②きれいな日本語を大切にするという規範を重んじ、使う必要のないカタカナ言葉はなるべく使わないことを原則にする。どうしても使う必要のあるときは、日本語の言い換えを併記する。ただしこのことは個々の筆者に強制はせず、ある基準を示すだけにとどめる。この問題に強制はなじまない。

③カタカナ言葉はいっさい使わないことを原則とする。たとえば、新しくて難解な経済用語、技術用語などが海外からやってきたら、当該組織が議論をする場を設けて、常に言い換えを考える。

私自身は②の原則がほぼ妥当だと思っていますが、ほかにも、さまざまな原則があるでしょう。しかし時代の変化の激しさを考えると、カタカナ言葉を抑制する原則を貫くのは、もはやかなり難しいところにきているように思います。

　誤解のないようにいっておきましょう。私は、外来語をいっさい追放せよと主張するつもりはありません。戦時中、野球の「セーフ」を「ヨシ」、「アウト」を「ダメ」といったことがありました。雑誌「キング」は「富士」になり、「オール読物」は「文芸読物」になりました。放送のなかの「ニュース」は「報道」に変えられました。そういう統制的な言い換えを主張するつもりはさらにありません。

　言葉は生きものです。私たちの先祖が中国の言葉を学び、それこそ決定的に大事なことを学んだように、いま、英語や他の国の言葉からたくさんのことを学び、日本語のなかに取り入れていることは時の流れだと思います。とくに技術や経済の言葉では、外来語の流入はさらに激しくなるでしょう。

　ですが、政府機関や新聞・テレビが、なんの原則もなく外来語の使用に走っている現状をにがにがしく思っていることもまた事実なのです。一つ一つの外来語を吟味し、適切な日本語で説明することができるかどうかを考える努力もまた、大切でしょう。明治の人たちは、ポスト・カード＝はがき、テレホン＝電話、スピーチ＝演説、といったように、新しい日常語を創るのが上手でしたし、それを受け入れる土壌が民衆の中にもありました。

　新しい技術用語、経済用語の場合ではなくて、たとえば「店がオープンした」「組織のチェック機能が働いた」というときのカタカナ言葉は、使いたくない。こういった日常の言葉は、当たり前のことですが、十分に日本語で表現できるからです。

多田道太郎『日本語の作法』創拓社、一九九〇年

7　文末に気を配る

「私は文章を書くとき語尾に手こずっている」
（井伏鱒二）

（この章では井伏のいう「語尾」のことを「文末」と表現します）

井伏鱒二ほどの作家が「語尾（文末）にてこずっている」と書いているのを読むと、やはり日本語は大変なのだなと思います。動詞が文章の末尾にくるせいでしょう。井伏は語尾に手こずっていると書いてはいますが、できあがった作品はみごとなものです。

たとえば『小黒坂の猪』という随筆集のなかに、この表題の作品があります。ある農家の庭に手負いの猪が暴れこんできて、亭主が大怪我をする。女房は、荒れ狂う猪を鎌でめったぎりにする、という描写があります。この、最高潮の場面では、文末がこうなります。

「猪は手負になつてゐるやつで、農家の亭主と女房が陸稲《おかぼ》の籾を乾してゐるところへ猪突して来た」

「亭主は身をかはす隙もなく、太腿を牙で引裂かれ、ひつくり返つたきり動けなくなつた。ただ大声で近所の人の助けを呼んだ。女房は金切声をあげながら、厚刃の鎌を振りまはし、荒れ狂ふ猪を滅多ぎりに斬りつけて倒した」

「この騒ぎを近所の人が聞きつけて、猟銃に弾をこめて持つて来た。猪はもう蟲の息になつてゐたが、目を細く開けてゐるので引金を引いて止めをさした」

文末はた／た／だ／た／た／た、というように、「た」「だ」が続く。単調といえば単調ですが、これがかえって、事件の切迫感を表しています。

その最高潮の場面が過ぎると、一転して「た／た／た」が消える。

文末は「云ふ」「ある」「来る」「されてしまふ」「ある」「さうだ」「だろう」「ない」「なつた」「した」「ない」「云ひだした」「である」「さうだ」ときわめて多彩になり、文章の調子がゆったりしてくる。過去形の「た」は、極度に少なくなります。結びは「子供は呑みこみが早い」という形で終わり、余韻を残しています。

内容に沿ったみごとな文章術だといっていいでしょう。

戦後の文章には、より口語的な口語体、もしくは会話体、おしゃべり体に近づき、文末を多彩なものにするさまざまな工夫が現れました。昔もこういう文体はありましたが、戦後はそれがより洗練された形になってきました。

そこでは「です体」と「である体」がまじるだけでなく、「ですよ」「ではないかね」といった表現もまじる。いってみればかなり自由なおしゃべり体です。

私自身の体験でいえば、敗戦直後、坂口安吾の文章を読んで、ひろびろとした世界が目の前に開けたという驚きがあったのを覚えています。そこには「自由な文章の世界」がありました。しばらくたって『福翁自伝』を読み、さらに驚きました。明治のころ、すでに、これほど自由な文体が現れていたのか、と。これは口述筆記の形はとっていますが、福沢がこの文体に最終的な責任を負っていた、といっていいでしょう。

さらにいえば、幕末に生まれた『夢酔独言』(勝海舟の父、小吉の自伝)という、まことに勝手気儘な文体の本があります。安吾などは、もしかすると、この『夢酔独言』の影響を受けているのかもしれません。『夢酔独言』は、一八四三年(天保十四年)にできたそうです。江戸の昔に、こういう言文一致体の文章が生まれていたということも驚きです。その内容はいま読んでもとりたての山草のように新鮮です。

それはさておき、安吾の『戦後文章論』(一九五一年)を読み直しました。これもまたすこぶるイキのいい文章です。

「私は文章上にだけ存在している現代の文章というものがイヤなんです。なぜなら、現実にもッとイキのよい言葉を使っているのだもの、習い覚えたペルシャ語で物を書いているような現代の文章がバカバカしくて、イヤにならない人の方がフシギなのですよ。そうではありませんか」

この「現代の文章がバカバカしくて、イヤにならない人の方がフシギなのですよ」というところが強烈でした。安吾はさらにこう書きます。

「当り前の言葉で大概のことが言い表せる筈ですよ。日常生活の言葉で文学論がやれないと思いますか。それだけの言葉では間に合わない深遠な何かがあるのですか」

「小説というものは、批評でも同じことだが、文章というものが、消えてなくなるような性質や仕組みが必要ではないかね。（大岡昇平、三島由紀夫の書いたものは）よく行き届いていて敬服すべき文章であるが、どこまで読んでも文章がつきまとってくる感じで、小説よりも文章が濃すぎるオモムキがありますよ。物語が浮き上って、文章は底へ沈んで失われる必要があるでしょう」

どうです？　この安吾の文章は実にのびのびしている。隣に座った、大柄な眼鏡のおじさんが自由闊達にしゃべっているのを感心しながら聞く。そんな感じで安吾の文章を読んだ記憶があります。「物語の筋が底に沈んでしまって文章の巧みさがめだつ」という文章を、安吾は買わない。文章そのものは底に沈んでしまって、物語がいきいきと現れてくる、という小説あるいは随想を、安吾は好んだようです。

その後、たくさんの人がこの「新おしゃべり体」とでもいうものを試みました。

その路線にいて(ご本人は、路線にいることなど意識していなかったかもしれませんが)、異彩を放ったのが、映画監督でもあった伊丹十三でした。たとえば、一九七一年の雑誌に「バッグ」という短い文章があります。

伊丹は、ある日バッグを買う。

「ここにスケッチしたのがそのバッグでありましてこれはアメリカ陸軍の野戦用のズックのバッグ、といううか、袋、であります。飴屋横丁《アメヨコ》で五百円くらいだったかな、安い上に、これはまず絶対に壊れない。なにしろ、現にヴェトナムで使用している軍用品なんだからね、簡単に破れたり壊れたりするようじゃ使いものにならぬ。

まあ、概して軍用品というものは、いろいろとよくできているもので、たとえばこのバッグも、袋を横切って細い布のベルトがついておりましょう? あれはね、絵の左っ側の方を一旦外しましてね、それから、ベルトを右の方へ引き抜くんです。で、それをぐるりと腰のまわりにまわして元のところへ止めるんですね。

するとどうなるか? バッグが腰にぴったりくっつくから、走っても袋がぶらぶらせずぐあいがいいんです。まあ、それやこれやでなかなかよくできている」

実にのびのびした文章術で、これを読み、強い刺激を受けました。こころみに、この文章の末尾をもう一度、点検してみてください。「であります」があるかと思うと「ついておりましょう?」があり、「止めるんですね」があるかと思うと、「なんだからね」がある。まことに多彩です。しかも、文章にあるリズムがあって、いい流れになっています。

おしゃべり体の文章で心に残るものに、永六輔の『無名人名語録』、『普通人名語録』があります。金子光晴の『金花黒薔薇艸紙』も、その流れのなかにあるでしょう。

井伏鱒二の「文末」に関する苦労は、正統派の文章術に関するものであり、坂口安吾や伊丹十三の「文末」を自由に使う文章術は、「新おしゃべり体」のもの、といっていいでしょう。やや図式的にいえば、いまの若い人たちは、正統派と新おしゃべり体との、二つの流れを上手に行きつ戻りつしているのではないでしょうか。

人びとはいま、パソコンやケータイで、「新おしゃべり体」をさらに新しく、さらに進化させているように思います。三年後、五年後の文章では、絵文字を使った新・新おしゃべり体がさらに進化し、「絵文字文章の研究」なんていう研究書が本屋の店頭に並んでいることでしょう。そのうちに新・新・新おしゃべり体が生まれ、私なんかの想像もつかない愉快な文章の世界が現れているかもしれない。

井伏鱒二「『が』『そして』『しかし』」、吉行淳之介編『文章読本』福武文庫、一九八八年
井伏鱒二『小黒坂の猪』筑摩書房、一九七四年
「戦後文章論」『定本坂口安吾全集(八)』冬樹社、一九六九年
「バッグ」『伊丹十三の本』新潮社、二〇〇五年

8　流れを大切にする

「文章のなかに一貫したリズムが流れることも、私にとってどうしても捨てられない要求であります」
（三島由紀夫）

三島は冒頭の言葉のあと、こう付け加えています。

「そのリズムは決して七・五調ではありませんが、言葉の微妙な置きかえによって、リズムの流れを阻害していた小石のようなものが除かれます。……小石をいろいろに置きかえて、流れのリズムを面白くすることに注意を払います」

山を歩きながら、沢の音に耳を傾けます。岩があり、石があり、よどみがある。自然に生まれた段差がある。それに応じて、沢の音は激しくなり、穏やかになり、ささやく声になったかと思うと、また激しくなります。沢の音はさまざまに変わりながら、いつか山と森の静謐《せいひつ》のなかに吸い込まれ、静謐をきわだたせることになります。

文章もかくありたいと思います。流れが強かったり、弱かったりしながらも、決してきわだつことなく、静かに流れている、という調子を保ちたい。

文章の流れ、ということを思うとき、頭に浮かぶのは『夕鶴』です。木下順二の作品で千回以上も上演された劇です。主演は山本安英《やすえ》でした。戦後の演劇を代表する名作、といっていいでしょう(山本の没後は坂東玉三郎の舞台もありました)。民話の「鶴の恩返し」を骨格にして、一羽の鶴が「つう」という名の女性になって恩返しをする話です。改めて原作を読んで思うのは、その流れのよさです。

与ひょうという名の男が、矢に射抜かれた鶴を助けてやる。鶴は、そのお礼の心もあって、つうという名の女性に変身し、与ひょうの連れ合いになります。そのつうの、かなり長い独白が四、五カ所あります。その一つを紹介しましょう。

「与ひょう、あたしの大事な与ひょう、あんたはどうしたの? あんたはだんだんに変って行く。何だか分らないけれど、あたしとは別な世界の人になって行ってしまう。あの、あたしには言葉も分らない人たち、いつかあたしを矢で射たような、あの恐ろしい人たちとおんなじになって行ってしまう。どうしたの? あんたは。どうすればいいの? あたしは、あたしは一体どうすればいいの? あんたはあたしの命を助けてくれた。何のむくいも望まないで、ただあたしをかわいそうに思って矢を抜いてくれた。それがほんとに嬉しかったから、あたしはあんたのところに来たのよ。そしてあの布を織ってあげたら、あんたは子供のように喜こんでくれた。だからあたしは、苦しいのを我慢して何枚も何枚も織ってあげたのよ。それをあんたは、そのたびに『おかね』っていうものと取りかえて来たのね。それでもいいの、あたしは、あんたが『おかね』が好きなのなら。だから、その好きな『おかね』がもうたくさんあるのだから、あとはあんたと二人きりで、この小さなうちの中で、静かに楽しく暮らしたいのよ。（略）……だのに何だか、あんたはあたしから離れて行く。だんだん遠くなって行く。どうしたらいいの？　ほんとにあたしはどうしたらいいの？……」

何度も舞台を見、哀切な鶴の鳴き声を聴く思いで、このせりふを聴きました。ここには「あんたが好き」という素朴な情感があります。「かね」という、よくわからぬものへの不安と恐れがあります。なによりも観客はつうの側に立ち、かねの魔力にあやつられる与ひょうのおろかさを案じ、与ひょうがつうを裏切ってしまう結果が近いのを予感するのです。できれば、ここで紹介したつうのせりふを、声を出して読んでください。文章の流れ、というもののこころよさが、わかってもらえるはずです。

流れのいい文章の条件は、いくつもありますが、大切なのは、次の四点です。

①平明、そして明晰であること。

②こころよいリズムがあること。
③いきいきとしていること。
④主題がはっきりしていること。
ほかにもあるでしょうが、まあ、この四条件がそろえば立派なものです。

さてここで、山道で出あう清冽な谷川を思い浮かべてみましょう。

ゆたかに流れる水は、透明です。文章でいえば①の平明です。さらに、川底の一つ一つの小石の姿までくっきりと見えます。明晰、ということでしょうか。

谷川の流れはさまざまな複雑な、そしてここちよいリズムを創りあげています。これは②にあたります。

しかも、谷川には、ヤマメやその他のさまざまな小魚や虫がいます。周囲には野草が生え、鳥がきます。命にあふれています。流れのいい文章は、川にたくさんの命があるように、いきいきとしています。これは③にあたります。

谷川には強い意思があります。ときには滝になり、激流になり、やがてより大きな河に合体して海をめざす、という意思です。文章でいえば④の「主題がはっきりしている」ということでしょうか。

『夕鶴』のつうのせりふに、流れのよさを感ずるのは、以上述べたような条件が満たされているからです。

つうのせりふは、長いせりふですが、むだなところがない。「おかね」という人類が発明した不可思議なものの悪魔的な誘引力についても、わかりやすい言葉で説明しています。山本安英という透明感のある女優を得て、つうのせりふは、谷川の澄みきった流れとなって客席にとどいていました。そこには、こころよいリズムがあり、いきいきとした言葉がつづきます。なによりも、つうの不安、混乱、恋情、願望、さらに強い不安、と流れてゆく主題がはっきりとしめされています。

このせりふに女の情がこもっているように聞こえるのは、母音のアが多用されているからでしょうか。母音のアは、開放的な感じをもっていると同時に、母性的な印象を与える役割をもっているといわれています。「あんた」のア、「あたし」のアだけではなく、全体的に母音のアがきわめて多い。すぐれた劇作家の木下順二は当然、そこまで考慮してこの大切なせりふを組み立てていたのだ、と私は思っています。

木下順二の、この流れのいい文章は、いや、流れのいいせりふは、のちの木下の作品『子午線の祀り』でも受け継がれています。『平家物語』という古典の、みごとな言葉のつらなりを現代の演劇で表現するとすればどうなるか。

その答をしめしてくれたのが『子午線の祀り』でした。

三島由紀夫『文章読本』中公文庫、一九七三年
木下順二『夕鶴・彦市ばなし』新潮文庫、一九五四年
木下順二『子午線の祀り』河出書房新社、一九七九年

Ⅳ　文章修業のために

1　落語に学ぶ

「彼(漱石)は、(落語という)庶民芸能を軽視せず、そこからできる限り豊かな文学的地下水を汲み上げようとした。それは、彼が庶民の文化創造力を高く評価していたことを示すものであり、彼の文学が幅広い読者層に親しまれる国民文学になり得た秘密でもあった」

(水川隆夫)

夏目漱石は、寄席通いが大好きでした。とりわけ落語が好きで『吾輩は猫である』をはじめ、たくさんの作品に「落語の影響があった」といわれています。

水川隆夫は『漱石と落語』という本を書き、題名通り、漱石と落語との関係をくわしく書いています。

「円遊ハ落語家ノ天才ニシテ」と書いた漱石は『三四郎』の中でも与次郎という男にこういわせています。

「小さんは天才である。あんな芸術家は滅多に出るものぢやない。何時《いつ》でも聞けると思ふから安つぽい感じがして、甚だ気の毒だ。実は彼と時を同じうして生きてゐる我々は大変な仕合せである。今から少し前に生れても小さんは聞けない。少し遅れても同様だ」

落語家に対する最高のほめ言葉でしょう。漱石は、大衆芸能のにない手である落語家を「芸術家」として敬愛する深い見識をもっていたのです。

落語が作品にどういう影響を与えていたのか。『吾輩は猫である』にこういう会話が出てきます。「吾輩」が、三毛子のところに来て、三毛子の飼い主(二弦琴の師匠)のことを尋ねるくだりです。

「へえ元は何だつたんです」「何でも天璋院《てんしょういん》様の御祐筆《ゆうひつ》の妹の御嫁に行つた先きの御つかさんの甥の娘なんだつて」「何ですつて?」「あの天璋院様の御祐筆の妹の御嫁にいつた……」「成程。少し待つて下さい。天璋院様の妹の御祐筆の……」「あらさうぢやないの、天璋院様の御祐筆の妹の……」「よろしい分かりました天璋院様のでせう」「えゝ」「御祐筆のでせう」「さうよ」「御嫁に行つた」「妹の御嫁に行つたですよ」「さうく間違つた……」

この問答はまだ続きますが、これはまさに落語の世界そのものです。『寿限無《じゅげむ》』を連想するという人もいます。

『草枕』にはこういう場面があります。主人公と髪結床の親方との会話です。

「おい、もう少し、石鹸《しゃぼん》を塗《つ》けて呉れないか、痛くつて、いけない」

「痛うがすかい。私《わっち》や癇性でね、どうも、かうやつて、逆剃《さかずり》をかけて、一本々々髭の穴を掘らなくつちや、気が済まねえんだから、——なあに今時《いまどき》の職人なあ、剃《す》るんぢやねえ、撫でるんだ。もう少しだ我慢おしなせえ」

「我慢は先《さつき》から、もう大分したよ。御願だから、もう少し湯か石鹸をつけとくれ」

「我慢しきれねえかね。そんなに痛かあねえ筈だが。全体、髭があんまり、延び過ぎてるんだ」

まことに落語的です。この親方がなかなかすごい。

「彼は髪剃《かみそり》を揮ふに当つて、毫も文明の法則を解して居らん。頬にあたる時はがり〳〵と音がした。揉み上の所ではぞきりと動脈が鳴つた。顋《あご》のあたりに利刃《りじん》がひらめく時分にはごり〳〵、ごり〳〵と霜柱を踏みつける様な怪しい声が出た。しかも本人は日本一の手腕を有する親方を以て自任して居る」

というありさまで、この状況のおかしさもまさに落語です。しばらくたって、主人公はまた「おい、もう一遍石鹸をつけてくれないか。又痛くなつて来た」というのですが、「よく痛くなる髭だね。髭が硬《こわ》過ぎるからだ。旦那の髭ぢや、三日に一度は是非剃《そり》を当てなくつちや駄目ですぜ。わつしの剃で痛けりや、何所《どこ》へ行つたつて、我慢出来つこねえ」とたしなめられます。このあたりの呼吸が実におもしろい。漱石文学の背骨《はいこつ》には落語の笑いがあるということがわかります。「滑稽趣味」とでもいうべきものです。

正岡子規と漱石の交遊は有名ですが、きっかけは寄席でした。話のはずみに、二人はともに相手が寄席通であることを知り、つきあいを深めます。その子規が「我俳句仲間に於て俳句に滑稽趣味を発揮して成功したる者は漱石なり」と書いています。漱石の場合、落語の得意技である滑稽趣味が、俳句の世界にも現れていたということでしょう。

そもそも、私たちがいま、こうして書いている「口語文」の原形は、二葉亭四迷や山田美妙たちが落語の速記本などを参考にしながら創りあげていったといわれていますが、二葉亭四迷は、自らそのあたりの事情を書いています。

四迷は当時の流行作家、坪内逍遙のところに行き、なにか一つ書いてみたいのだが、どうしたものかと相談をします。すると、坪内は「君は円朝の落語《はなし》を知つてゐやう、あの円朝の落語通りに書いて見たら何《ど》うかといふ。で、仰《おお》せの儘《まま》にやツて見た。……早速《さっそく》、先生の許《ところ》へ持つて行くと、篤《とく》と目を通して居《お》られたが、忽《たちま》ち礑《はた》と膝《ひざ》を打つて、これでいゝ、この儘でいゝ、生じツか直したりなんぞせぬ方がいゝ、とかう仰有《おっしゃ》る」

そういうことで、四迷の「言文一致体」が生まれたのです。

私が強調しておきたいのは、四迷が言文一致体を書きはじめたときの先生役は落語だった、ということです。

四迷はそのとき「国民語の資格をえていない漢語は使わない」という原則をたてたのです。たとえば行儀作法という言葉はいいが、挙止《きょし》閑雅《かんが》という言葉は使わない。そのかわり「井戸の釣瓶《つるべ》ぢやあるめえし、上げたり下げたりして貰ふめえぜえ」といった俗語はおおいに使う、という原則です。以後、たくさんの作家が落語の影響を受けました。落語の名誉のために、このことはもっと評価されるべきだと思います。

太宰治の作品にも、落語の影響がある。檀一雄はこう書いています。「太宰の初期から最後に至る全文学に落語の決定的な影響を見逃したら、これは批評にならないから、後日の批評家諸君はよくよく注意してほしいことである」

太宰治はよく円朝全集を読んでいたそうです。古本を売っている道端の店で「十銭の落語本」を買っては読みふけっていた、と檀は書いています。

戦後の焼け跡派文士の代表格である坂口安吾もまた、自分自身で「講談落語の話術を大そうとりいれました」と書いています。

ここで、水川隆夫の落語に対する評価がいかに高いものであるかについて述べておきましょう。その評価をまとめてみますと、次の三点でしょうか。

①落語は、漱石の文学に大きな影響を与えている。
②むろん、二葉亭四迷や山田美妙の言文一致体にも大きな影響を与えている。
③正岡子規たちがはじめた写生文は、やはり落語の強い影響を受けていた。写生文はその後、綴方教育運動に流れこみ、多くの日本人の見方、考え方、感じ方、文章の書き方などに影響をおよぼした。水川は書いています。「近代口語文体の確立や近代日本文学の創造に対する落語の貢献は、従来考えられてきたよりも、さらに大きいものがあったといわなければならない」
私たちはいまも、文章を書くうえで落語からたくさんのことを学ぶことができます。
①自分のおろかさをおおいに笑い飛ばす精神を学ぶ。
②人びとのおろかさ、けなげさ、悪賢さを笑いながら、浮き世のならいを知る。
③えらそうなことや自慢話を書いたとき、ナンチャッテと省みる余裕がでてくる。
③落語の流れのよさに学ぶ。
④落語にでてくる平易な言葉に学ぶ。

水川隆夫『〔増補〕漱石と落語』平凡社ライブラリー、二〇〇〇年
「三四郎」『漱石全集(五)』岩波書店、一九九四年
「吾輩は猫である」『漱石全集(一)』岩波書店、一九九三年

「草枕」『漱石全集(三)』岩波書店、一九九四年
「余が言文一致の由来」『明治の文学(五)・二葉亭四迷』筑摩書房、二〇〇〇年
檀一雄『小説太宰治』岩波現代文庫、二〇〇〇年

2　土地の言葉を大切にする

「多分私は、このところ少々標準語にあきているのだろうと思う。というよりも、標準語を支えているステレオタイプの文化に食傷して、方言と、その背後にあっていまだ十分に活性を残しているはずの、個性的な文化に心惹《ひ》かれるということかもしれない」（藤沢周平）

藤沢周平の、この方言への思いに深い共感をもちました。この言葉は、これからの文章のありようを考えるとき、きわめて重要な方向を指し示しているのではないでしょうか。藤沢はさらにこう書きます。

「たとえば標準語で、『君を愛している』といっても、それはテレビからもラジオからも聞こえてくるので、ことばはコピーのように衰弱している。しかし方言を話す若者が、押し出すように『おめどご、好きだ』（わが東北弁）といえば、まだかなりの迫力を生むだろう」。方言がもっている「迫力」を信じている人の発言です。

あるとき、藤沢は山形県の川西町へゆきます。そこで講演が終わるのですが、この土地にもう少しいたいような妙な気分になる。そういう気分になったのは、土地の風景でもなく、米沢美人でもなく、その土地でみなが語っている「言葉」でした。

きわめてなつかしい言葉です。けれども、昔なじんだ言葉のなつかしさだけが、藤沢をひきとめたわけではなかった。

「私は人びとが、大きな声で、おめず臆《おく》せず土地の言葉をしゃべるのを聞いて、少し大げさに言えば、一種の感動を味わっていたようである。人びとがいきいきとして見えた。

町角の立ち話の中から、喫茶店の客の話し声から、乗ったタクシーの無線指示の声から、押し寄せてくる土地の言葉を、私はむさぼるように聞いた」

近ごろは郷里に帰っても、力強く大声で方言を話す人が少なくなった。標準語あるいは標準語まじりの、どこか確信なげな小声が多くなった、と藤沢は書いています。だからこそ、山形の川西で聞いた、大きな声の方言のやりとりが心に響いたのでしょう。

いきいきした土地の言葉のやりとりのなかに、藤沢は「文化の蓄積」というものをみたのです。それは「国籍不明の、眼鼻もはっきりしないのっぺらぼうの文化」ではなくて、「その土地の風土と暮らしが創り出したもの」でした。方言には、長い時間をかけて創りだされてきた文化の蓄積があります。方言は、日本語の未来にとって不可欠なものだ、とさえ藤沢は考えていたのではないでしょうか。

文学作品にはしばしば、心を打つ土地の言葉が登場します。たとえば太宰治に「雀こ」という津軽の言葉で書いた初期の作品があります。あったかくて、やわらかな語感で、方言がいかにいきいきとした言葉であるかがわかります。


「そろそろと晩げになつたずおん。野はら、暗くなり、寒くなつたずおん、わらは、めいめいの家さかへり、めいめい婆《ば》さまのこたつこさもぐり込んだずおん。いつもの晩げのごと、おなじ昔噺《むがしこ》をし、聞くのだずおん。

長え長え昔噺、知らへがな。

山の中に橡《とち》の木いつぽんあつたずおん。

そのてつぺんさ、からす一羽来てとまつたずおん。

からすあ、があて啼けば橡の実あ、一つぼたんて落づるずおん。

また、からすあ、があて啼けば、橡の実あ、一つぼたんて落づるずおん。

また、からすあ、があて啼けば、橡の実あ、一つぼたんて落づるずおん。」


共通語では表現できない、おっとりとした、ふしぎな世界がここにはあります。

作家、深沢七郎が紹介している「べえべえぶし」というのを読むたびに、思わず笑ってしまいます。

「関東、関東といっても平《ひろ》うござんす／（もしもカントーに）／べえべえ言葉がなかったら／なべやつるべはどうするべえ」。深沢はさらに紹介します。

「あしたの天気は寒かんべえか／暑かんべえか／いちごの勝負で／まいとしまいとし／俺ァ頭をぶッつけた」

「頭をぶッつけた」というのは「頭を抱えた」のことで、イチゴの栽培に失敗して頭を抱えてしまうという意味らしい。土地の言葉の一語一語の味がわかっているものにはそのおかしさがいっそう強く伝わるのでしょう。

作家、東峰夫の『オキナワの少年』には、コザ（いまの沖縄市）に住む一家の姿があざやかに描かれています。あの作品にみなぎる現場感は、作者自身がコザに住み、ベトナム戦争当時の基地の街の猥雑な雰囲気を呼吸していたことだけではなく、作品にコザの言葉がふんだんに使われていたせいだと思います。

少年の母親は「もの喰《く》う業《わざ》のためやろもん」といって家に女を住まわせ、やってくる米兵の数があふれると、「ベッドが足らん困《くま》っておるもん、つねよしがベッドいっとき貸らちょかんな？な？ほんの十五分ぐらいやことよ」といって少年のベッドを奪う。そんな母親のやり方に「いかにもの喰う業のためやっててん、好かんもんは好かん！」と少年は怒ります。母親とケンカをし、ドル札をめちゃめちゃに引き裂いてしまうこともあります。

東の作品を読んで、私のような旅びとは、たとえ何年滞在しても、沖縄の言葉に習熟しない限り、とても沖縄のことは書けないとすっかり弱気になったことがありました。

土地のことばはいまもしっかりと全国各地に残っているというべきなのか。それとも、しだいに消えつつあるというべきなのか。その両方が微妙にからみあいながら同居しているというのが日本の現状でしょう。土地の言葉は、日本人の心に生きつづけてきたゆたかな財産なのですが、このままでは方言は次第に消える運命にあります。土地の言葉を大切にする運動がもっと盛んになってもいいのではないでしょうか。

各地に伝わるすばらしい言葉を学ぶこと、たとえば青森に住む人も、沖縄の言葉をある程度は理解することができるようになること、それが、私たちの文化をゆたかにするということではないでしょうか。土地の言葉を大切にする教育は、日本語のゆたかさを学ぶ教育です。

寺山修司はかつて、こんな警句を書いています。「いまや、標準語は政治を語ることばに堕してしまい『人生を語ることばは方言しかなくなってしまった』のである」

藤沢周平『小説の周辺』文春文庫、一九九〇年
藤沢周平『周平独言』中央公論新社、二〇〇六年
「雀こ」『太宰治全集(一)』筑摩書房、一九六七年
「べえべえぶし」『ちくま日本文学全集・深沢七郎』筑摩書房、一九九三年
東峰夫『オキナワの少年』文藝春秋、一九七二年
寺山修司『両手いっぱいの言葉』新潮文庫、一九九七年

3　感受性を深める

「私の方針は、耳や、口や、鼻や、眼や、皮膚全体の上から真理を感得すること」
「五官を極度に洗練することによつて人はさまざまの奇蹟を見ることができるやうに成る」
「五感およびその上に建てられたる第六感以外に人間の安心して信頼すべきものは一つもない」

（萩原朔太郎）

私は東京の下町に生まれ、世田谷で育ちましたが、一九三〇年代の世田谷は緑のゆたかな地域でした。田畑が多く、肥溜《こえだめ》があって、荷物を運ぶ馬や牛がゆっくりと道を歩いていました。鎮守の森があり、ミミズクもいて、森の裾を流れる川にはタナゴやメダカが泳いでいました。蛇も蛙もたくさんいました。秋には紅葉が舞い、雑木林の落ち葉に埋もれて斜面を滑る遊びをしたものです。そういう少年期をもったことは幸せなことでした。

家の縁側は人と自然、人と人を結びつける特異な空間でした。

縁側がまだその役割を十二分に果していたころの話です。卓越した禅僧、山田無文は、若いころ、禅の修行中に倒れ、医者からも見放されたことがあったそうです。無文は失意のまま故郷に帰り、療養につとめました。ある日、縁側に坐ってぼんやりしていました。

風が吹く。南天の枝が揺れている。その瞬間、ひらめくものがありました。風は空気が動いて起こるものだ。その空気は、休まずに自分をつつみ、自分を守ってくれている。そうだ、自分は孤独じゃない。大自然の大きな力に抱かれて生きているのだ。そう思うと急に涙が止まらなくなりました。

自分はいままで生きていたのではなく、大いなるものによって生かされていたということに気づき、元気がでてきたというのです。一種の悟りの瞬間でしょうか。いずれにせよ、「大切なことを体得したのが風の吹く縁側だった」というところがなんともいいですね。

縁側は内と外を結ぶ接点です。縁側で風を感ずる、大自然の力を感ずる、ということは日本の昔の家屋がいかに自然にとけこんでいたか、ということの証明になります。

縁側の喪失は意外に重大な住環境の変化であり、人の五感を解放させる道を狭くしてしまったのです。

戦後の歴史は、大気を汚し、水に有害な化学物質を加え、土の有機物を殺し、森をつぶしてゆく日々でした。環境破壊の歴史は、当然、私たちの五感の錬磨をおびやかしました。あれほどこまやかな「聴く耳」をもっていた日本人の現状はどうでしょう。「自然の音」を中心にした音環境はおそろしい勢いで壊されています。だからこそ私たちはよけい、空・風・火・水・地のふんだんにある空間を求めたいし、意識して五感を解放させる時間をもちたい。野性、精気、元気、自然治癒力などをよみがえらせるためには、ゆたかな自然のなかに身をおくことが大切です。静謐な森で一日を過ごせば、あなたの情感はその分だけ鋭敏になり、知恵の働きもその分だけ活発になるはずです。

文章修業のことを思うとき、私たちはまず筆の技をみがくことを考えます。むろん、それはそれで大切なことですが、同時に五感を錬る修業に心を配りたい。いやむしろ、五感の錬磨こそが、文章力を高めるためのより根本的な過程だと私は思っています。そして、大自然のなかでこそ五感は鋭敏になるのです。

『沈黙の春』の著者レイチェル・カーソンが書いた『センス・オブ・ワンダー』のことは前にも紹介しましたが、「大自然こそが感受性を鍛えてくれる」ということについて、もう一度、登場してもらいましょう。

カーソンはいいます。

「子どもといっしょに自然を探検するということは、まわりにあるすべてのものに対するあなた自身の感受性にみがきをかけるということです。それは、しばらくつかっていなかった感覚の回路をひらくこと、つまり、あなたの目、耳、鼻、指先のつかいかたをもう一度学び直すことなのです」

「地球の美しさと神秘を感じとれる人は、科学者であろうとなかろうと、人生に飽きて疲れたり、孤独にさいなまされることはけっしてないでしょう。たとえ生活のなかで苦しみや心配ごとにであったとしても、かならずや、内面的な満足感と、生きていることへの新たなよろこびへ通ずる小道を見つけだすことができると信じます」

大自然の神秘に驚きの声をあげることができる人は、そこから生きる力をえています。南天をゆらす風に驚きの心をもった山田無文が、そこから新しい力をえたように、私たちは大自然の静謐から多くの滋養をえることができます。感受性を深めることは、多様な固有種の木々が山を覆うようになる様子に似ています。そういう山では、降った雨は、ゆたかな緑と土によって地中にたくわえられ、いつか清冽な泉になってあふれます。ゆたかな感受性は、ゆたかな緑と土です。外界の刺激は雨です。外界の刺激を受けてみがかれた感覚は、やがて清冽な言葉となって湧きだします。ゆたかな感受性こそが、清冽な言葉を生む源なのです。

作曲家、細川俊夫も「自然の中に入っていく」ことの大切さを説いています。

「五月のある日、前日の激しい雨で洗われた新緑が、日の光を眩《まぶ》しいように照り返している奥多摩の川のほとりに行った。私は、都会生活に疲れて自分の平衡感覚が失われそうになるとき、よく自然の中に入っていく。とりわけ、水の存在を身体で感じられる川や海に行くのが好きだ。そこで私は全身を耳にして、静かに水の音を聴く」

都会で失われそうになる平衡感覚を取り戻すために、奥多摩の渓流にゆく。そこで、全身を耳にして水の音を聴く細川の姿が目に浮かびます。

川の響きはじつにゆたかで変化に富んでいます。あるときは激しく、あるときは優しく、またあるときは静かに、そして荒々しく響く。その響きの背景には「一瞬一瞬に世界生成を促す根源的なものの声が響いている」。細川のすばらしさは、その自然の音を音楽の世界に取り戻すという貴重な仕事をはじめたことです。

『山のパンセ』の著者、串田孫一は、山に登って、好みの場所があれば四時間も五時間も坐ったまま、水や光、明暗の折り重なり、大きな優しい風の渦を見ていたそうです。谷のほとりで、木漏れ日を浴びながら一時間坐り、眺望のよい草地にでてまた二時間近く坐る。ただぼおーっと坐っている。それが串田孫一の流儀でした。なにもせず、木々の声に耳を傾ける、という無為のときを大切にした人でした。串田のみずみずしい作品は、そういう無為の時間をへて、熟成していったものなのでしょう。

ここで、「視覚偏重」ということについて考えておきましょう。『そっと耳を澄ませば』『鳥が教えてくれた空』などの著者、三宮《さんのみや》麻由子の文章です。

「あれは、住宅地に降り注ぐ雨の真っただ中にたたずんでいたときのことだった。私の耳に急にたくさんの音が飛び込んできた。トタンの屋根、雨曝しの自転車、転がっている空き缶、車にかけたシート、大きな門、そんな街の景色に、雨があたっていたのである。どれも、いつもは私がぶつかるまで自分の存在を教えてはくれないものばかりだ。

梅雨の雨は、その無愛想なものたちの存在を優しく音に訳して、私の耳に伝えていたのだった。トタン屋根にあたって短い余韻を残す平たい雨、門柱に落ちてカアンと小気味よく散る雨、路肩に転がった空き缶に見事に命中してキーンと歌う雨……。足もとのアスファルトにも一面に雨滴が降り注ぎ、響きのない不思議な広さの音をたてていた。まるで地面が浮き上がっているかのようだ。さらにあたりの空間に耳を傾ければ、さまざまな高さのものにあたる雨の音がいくつもの層となって聞こえ、空気の中に満ちている。

自分から音をたてないために、ふだんは私にとってほとんど無に等しい存在である街並み。それが、雨の日にだけ世界にたった一つしかない楽器に生まれ変わり、次々と音を紡《つむ》ぎ出しては私の鼓膜《こまく》にぼんやりと輪郭を表してくれる。その輪郭を物語る音が空中で混じり合うのを聞いていると、それまで想像もできなかった、雨の日だけの特別な景色を楽しむことができるのだった」

三宮は、子どものころ視力を失いましたが、語学を学び、ピアノを学び、百種類の鳥の声を聞き分けるようになり、外資系の通信社でニュースの翻訳をしている女性です。

三宮が描く聴覚による「街の光景」は実に魅力的です。街並のさまざまなモノが、雨滴を受けて、にわかに楽器に生まれ変わるという描写は、不思議な、非日常の空間に私たちを連れていってくれるのです。こういう文章を読むと、私なんかは、視覚に頼りすぎるあまり、雨の奏でる「街の音」を十分に聞いていないばかりでなく、本当の意味で街の姿を見ていなかったということに気づきます。雨の音がたのしい音楽を演奏していることにも気づかずに暮らしてきたのだと省みることになります。

「森の雨は木の密度を教えてくれる」「常緑樹にあたる雨は少し細い音で、時には木漏れ日ならぬ木漏れ雨となって頭にビシャリとやってくる」「広葉樹の雨はまるで傘に落ちる滴のように、あちこちでポトポトとつぶやいている」という三宮の文章を読むと、私自身はいままで、雨を見ていながら、雨の本当の姿は見ていなかった、ということに気づきます。見ることに偏り、聴くことをおろそかにしているだけでない、見ているつもりで、実は見ていないことが多い。そこに、日常的な視覚偏重主義の弊があります。

三宮の文章はその大事なことを教えてくれます。

『ちくま日本文学全集・萩原朔太郎』筑摩書房、一九九一年
山田無文『自己を見つめる』禅文化研究所、一九八二年
レイチェル・カーソン著、上遠恵子訳『センス・オブ・ワンダー』新潮社、一九九六年
細川俊夫『魂のランドスケープ』岩波書店、一九九七年
三宮麻由子『そっと耳を澄ませば』集英社文庫、二〇〇七年

4 「概念」を壊す

「言語と云ふものは案外不自由なものでもあります。のみならず、思想に纏《まと》まりをつけると云ふ働きがある一面に、思想を一定の型に入れてしまふと云ふ缺點があります」

（谷崎潤一郎）

思想を一定の型に入れてしまうということについて、谷崎はこう説明しています。たとえば紅い花がある。それを見て、みんながみんな、それを同じ色に感ずるかどうかは疑問であって、眼の感覚のすぐれた人は、その色の中に常人の気づかない、複雑な美しさを見るかもしれない。その人の感ずる色はふつうの「紅い」という色とは違うものであるかもしれない。しかし、言葉で表そうとすれば「紅」にいちばん近い色だから、やはり「紅い」と書くことになるだろう。つまり「紅い」という言葉があるために、その人の本当の感覚とは違ったものが伝えられる。言葉がなければ伝えられないだけのことだが、言葉があるために害をすることがある。谷崎はそう論をすすめます。

結局、「返す〴〵も言語は万能なものでないこと、その働きは不自由であり、時には有害なものであることを、忘れてはならないのであります」という結論を出しています。

この文章は、言葉を使うことでさんざん苦労に苦労を重ねた先達の「戒語」であると私は受け取りました。

言語は万能だ、言語で表現できないものはないという先入観をもつな、ある言葉がことがらのすべてを表すものではないということを知り、常に謙虚であれ、と自分を戒めることが大切でしょう。たとえば夜明けの空を表現する場合は、暗い紅色の帯が次第に朱になり、やがて心浮き立つ桃色の雲が現れる様子を追うことになります。刻々に変わる「紅」の変化を克明に追うのです。それでも、実際の夜明けの空を表現するのはかなり難しい。ただたんに「真っ赤な空」「茜色の雲」と概念的に表現する道を選ばず、どういう表現をすれば概念的でない空、雲の色を書くことができるかということに心を配る。難しいことですが、その道を歩むのが文章を書くよろこび、もしくは苦しみ、といっていいでしょう。どんなに心して眼前の世界を言葉にしても、現実の世界と言葉で表される世界との間には越えることの難しい深いミゾがあります。難しくてもそのミゾを越える努力をするか、はじめからあきらめてしまうか。

たとえば「吹く風の温かさが春の訪れを知らせていた。フキノトウが芽をのぞかせていた」という文章を書いたとします。現場に行かなくても「概念」を動員すればこの程度の文章は書けます。ですが、実際の山道で感ずる春の気配を書くとすればどうなるか。

「風が春の先ぶれだと知れるのは、ぬくもった腐葉土の香りを含んでいるからである。南に向いた斜面に建つ阿弥陀堂の庭の端にはフキノトウが枯れた雑草の下から鮮やかな若草色の芽をのぞかせていた」

南木佳士《なぎけいし》の『阿弥陀堂だより』のなかの文章です。

この文章には、現場感があります。概念をつなぎあわせただけでは書けない細密な描写があります。現場をよく知っている作者が、月並みな概念を壊したうえで書いた文章だと思います。

夕焼けのことを書く場合、たとえば「燃える夕日を見た。夕焼けの雲がこちらに向かって迫ってきた」という程度の文章は、夕焼けを見なくても自分の中にある概念をうまく組み合わせれば容易に書けるでしょう。

では、次の文章はどうでしょう。竹西寛子が中国のゴビ砂漠で見た日没の風景です。

「秋でした。

十一月も半ば近くなっていました。

私はその瞬間、からだごと燃え立つような夕焼空のまっただ中に放り出されたのかと思いました。いいえ、夕焼空というよりも、橙色の、幾筋もの大波のうねりをみせて視界を覆っている雲海に、そのまま溺れて行くのかという感覚でした。何が起ったのか。手を伸せば、濃い、淡い夕焼雲をこの指ですぐにつかみ取ることもできそうな近さに空が迫って見えます。

機上にいたのではありません。地上にいました。ゴビの砂漠の中を、車に乗せてもらって、吐魯蕃《トルファン》から烏魯木斉《ウルムチ》に向っていました」

読むことのたのしさをじっくりと味わうことのできる文章です。

大空が橙色の雲の海になる。その雲海に溺れてゆくのではないかという思いは、ゴビ砂漠のとてつもなく大きな夕焼空を見てはじめて感ずるものでしょう。それは、私たちが身につけた「日没風景の概念」をはるかに超えた非日常の風景です。だからこそ、その風景を表現することは、「日没風景の概念」をこっぱみじんに壊すところからはじまるのでしょう。そして、燃える空が橙色の雲海になり、その海に溺れそうになるというきわめて躍動的な表現のなかに、読み手も飛びこむことになります。竹西のこの中国旅行記には、「概念を壊す」という営みにふさわしい文章が散在しています。

何時間も山道を歩いているとき、私はときどき「般若心経」を唱えます。まだまだたどたどしい読経ですが、
色即是空　空即是色

という言葉だけを呪文のように唱えることもあります。すぐ近くに海が見えます。最初の「色《しき》」は、いま自分が見ている青い海です。その「青い海」の概念を壊します。アタマのなかは白紙、つまり「空《くう》」になります。次にその「空」に新しく感じたままの海の風景を流しこみます。光。波。船。海面の雲の影。海風。海の色の変化。海のにおい。水平線の雲。それらが固定しかかって、新しい「色」が生まれたところでまた、その「色」を壊す。そうするとまた「空」が生まれる。その「空」にまた新しく感じた海の風景を流しこむ。そういうことを繰り返すうちに、既成の概念にとらわれない海の風景が熟成してきます。

色即是空の本当の意味は、もっと深いものでしょう。たとえば、こだわりを捨てて、新しい自分をよみがえらせるという心の営みを説く人もいるでしょう。しかし、私は、自分がもっている既成の概念もまた、こだわりの一つだと思っています。既成の概念を捨てることもまた、こだわりを捨てる営みの一つでしょう。

新しいものを生むには自分の心のなかにある既成の概念を再三、壊してゆく営みが必要なのではないでしょうか。

芭蕉は、薄暮の海辺にいて

「海暮れて鴨の声ほのかに白し」

という句を詠みました。海のどこかから、鴨の声がほのかに、ものがなしく聞こえてくる。その声を「ほのかに白し」と受けとめる感覚は芭蕉独自のものです。長年の修業できたえられた感覚があっての表現です。概念を壊し、さらに壊して、ようやく得ることのできる芭蕉独自の世界でしょう。既成の概念を捨てることのすばらしさを、この句は教えてくれます。

谷崎潤一郎『文章読本』中央公論社、一九六〇年
南木佳士『阿弥陀堂だより』文春文庫、二〇〇二年
竹西寛子『長城の風』新潮社、一九九四年
『芭蕉俳句集』岩波文庫、一九七〇年

5　動詞を中心にすえる

「いまは名詞がおおすぎる。そして動詞がすくなすぎる」
（長田　弘）

詩人、長田弘に「三つの動詞」という題のエッセイがあります。

いまは、圧倒的に、名詞の時代だと長田はいいます。私たちは名詞をひたすらこしらえて、使いつづけて、使い捨てる。それほどまでにたくさんの名詞をゆたかに手に入れながら、しかしいま、まるでほったらかしにされているのは動詞だろう、と。

「はつらつとした動詞がおとろえてきて、名詞とは逆に、動詞がだんだんに貧しくなっている」

長田は、一九〇一年三月二十一日、夏目漱石がイギリスで書いた日記の言葉に思いをはせます。漱石は日本の未来を思い、自分への、さらには日本人への戒めを書いています。「自ラ得意ニナル勿《なか》レ」と書き、さらに「真面目ニ考ヘヨ誠実ニ語レ摯実《しじつ》ニ行ヘ汝ノ現今ニ播《ま》ク種ハヤガテ汝ノ収ムベキ未来トナッテ現ハルベシ」と記しています。

漱石が二〇世紀という未来にむけて、必要な言葉としてまずもとめたのは『考えよ。語れ。行え』という三つの動詞だったと長田は書いています。

昔は、なじみのある動詞が暮らしの中心にありました。子どものころは自分の足で歩きました。水は井戸から汲み、運搬にはリヤカーを引いて鉄道の駅まで運びました。鉛筆はナイフで削りました。風呂は薪で炊きました。歩く、汲む、引く、運ぶ、削る、炊くという動詞が身近にありました。歩きが車になり、井戸が水道になり、リヤカーや鉄道便が宅急便になり、ナイフが鉛筆削りになり、薪が瞬間湯沸器になり、たくさんの動詞が日常の暮らしから姿を消してゆきました。動詞がだんだんに貧しくなったという長田説に私は賛成します。

動詞がいかに文章に躍動感を与えるか。

たとえばこれは、作家、村山由佳の『海を抱く』のなかの文章です。海では、サーファーたちが波に乗っています。男ともだちの光秀も、波のなかにいる。

「ゆるやかに湾曲しながら彼方まで続く海岸が、朝もやの名残りにけぶっている。波打ち際を大きなゴールデン・レトリーバーが笑いながら走ってきて、ばしゃばしゃ水しぶきをはね散らかし、私を見てぴたっと立ち止まったかと思うと、また飼い主のところへと駆け戻っていった。

朝日に光る海面は、うねり、立ち上がり、端からゆったりと崩れていく。うち寄せてきた波が私の足先を濡らしそうになっては、寸前であきらめたように引き返していきながらぷちぷち音をたてて砂地にしみこむ

「まるで巨大な軟体動物とじゃれあっているみたいに、光秀は青い波のおなかをするする滑り下り、駆け上がり、また滑り下りる。凄い。いつもの光秀と全然違う。というより、こちらのほうが本当の光秀なのかもしれない」

これは、長編の結びに近いところの文章です。二人のつきあいが大きく変わることを示唆する情景です。はつらつとして波に乗るサーファーを描くのに、たくさんの動詞がものをいっています。犬が走り、波が飛び散り、うねり、崩れ、そしてサーファーが滑る。そういう光景が動的に描かれています。文章中の動詞は「湾曲する、続く、けぶる、笑う、走る、はね散らかす、見る、立ち止まる、思う、駆け戻っていく、光る、うねる、立ち上がる、崩れていく、うち寄せてくる、濡らす、あきらめる、引き返していく、音をたてる、しみこむ」「じゃれあう、滑り下りる、駆け上がる、滑り下りる、違う、しれる」で、さして長くはない文章のなかに、これだけの動詞が用いられている。

動詞は、海辺の光景を具体化し、動きのあるもの、身近なものにしてくれます。動詞という品詞はなんと頼もしいやつか、ということをこの文章は改めて教えてくれます。

この光景のなかにあって、主人公の女性は、新しい恋の展開にはずむ思いになってゆく。その心の躍動が、さまざまな動詞によって表現されているように私には思えました。

『四国遍路』という本を書いたとき、三十一の章の題を「動詞」にしました。「出あう」「歩く」「迷う」「遊ぶ」「食べる」「捨てる」といった動詞です。動詞を各章の主役にしました。実際に歩いてみて、お遍路をするということは、動詞の森をさまようことだという実感があったからです。体で感ずる。体で知る。体で学ぶ。日々、そういう動詞とつきあっているうちに、動詞のありがたさがわかってきました。動詞は抽象的なことが苦手で、人のからだの動き、こころの動きに寄り添っているところがあります。具体的で、行動的です。修行というものはそもそも体で知ることが大事です。体で知るということは、動詞を通じて知ることです。お遍路は、歩く、食べる、寝る、起きる、祈る、迷う、出あう、休む、という多様な動きの繰り返しです。歩き遍路の日々を書くには、動詞という具体的なものを中核にすえることが一番ふさわしいと思いました。

漱石は「真面目に考え、誠実に語れ、摯実に行え」といいましたが、お遍路で得たことは「動詞で考え、動詞で語れ、動詞を行え」ということでした。歩きながら「歩く」という動詞について考え、祈りながら「祈る」という動詞について思いをめぐらす。それが、私のやや疲れた思考の回路に新しい刺激を与えてくれました。

歩きながら歩くことを考える。すると、私の思考は、遠い昔、人類が直立二足歩行をはじめたころの過去にさかのぼってゆくのです。歩くという動詞がいかに人間の人間らしい生き方の基本にあるかということに気づくのです。日々、祈るという動詞を実践しているうちに、その祈りは、一輪の花への感謝、山川草木への感謝となり、やがて、大自然への祈り、宇宙への祈りになるというように、無限大の空間にひろがっていったのです。おおげさな言い方ですが、四国遍路によって「死を迎えるまで、動詞的思考をおろそかにしてはいけない」ということを学びました。

文章を書くとき、ふつうは名詞の題で書くことが多い。「一冊の本」とか、「私の半生」とか、「別れ道」とか……。でもたまには、あなたの好きな動詞を選び、その動詞を題にして文章を書いてみてはどうでしょう。迷う。捨てる。遊ぶ。あこがれる。そういう動詞を課題にして書くと、筆が思わぬ方向にすべりだし、自分がどういうところに関心をもっているかということに気づくことができます。文章の中身も、意外な分野にひろがり、新しい自分に出あうことができるかもしれません。

文章修業の一つの方法が、そこにあります。

前にカタカナ言葉の乱用についての文を書きましたが、動詞のカタカナ言葉についてはとりわけ、乱用に注意をする必要がある、と思っています。

国語学者の大野晋の説によると、日本語の例でいえば、基礎的な単語のうち、長く使われているのは動詞で、逆に副詞や感動詞は寿命が短いそうです。

動詞は寿命が安定していて、古典文学で使われている動詞の多くが現代にひきつがれているといわれています。「遊ぶ」「会う」「争う」などの動詞はいまも生きています。

残存率で計算しますと、動詞の残存率は八六・七%、副詞は五六・三%、助詞は五三・〇%という数字もありました。

しかし昨今は、その、寿命の長いはずの動詞も、カタカナ言葉の動詞に脅かされています。たとえば、「開く」「調べる(確認する)」「持ち帰る」という動詞があるのに、「オープンする」「チェックする」「テイクアウトする」のように、外来語に「する」をつけて動詞として使うという風潮がひろがっているからです。ミスする、ゲットする、リスペクトする、オミットするというカタカナ言葉の動詞も使われています。

動詞の外来語化がさらに進めば、日本語の根っこのところが崩れてゆくのではないかという心配があります。

長田弘『感受性の領分』岩波書店、一九九三年

『漱石全集(一九)』岩波書店、一九九五年
村山由佳『海を抱く』集英社文庫、二〇〇三年
大野晋『日本語の起源』岩波新書、一九五七年

6　低い視線で書く

「ものごとを上からばかり見ないで、ときには這いつくばって見る。かっこう悪くても視線を低くすると、別の世界が見えてくるんです」（皆越ようせい）

皆越ようせいは、ミミズ、ダンゴムシ、トビムシなどの土壌動物を撮りつづけている写真家です。

皆越はよく、子どもたちのために土壌動物の観察会をします。公園の一角の、落ち葉の積もるところで、腹ばいになって説明をします。

「いいかい、うんとアタマを低くして、こうやって落ち葉の下を見るんだ。ほら、このダンゴムシも、カリカリ音をたてて落ち葉を食べているだろう」

そういいながら「地球の生態系の基本を支えているのは、実は、落ち葉の下の土壌動物たちなんだ」といった説明をします。

腹ばいになった子どもたちは、ダンゴムシやダニが実際に土を創っているところを目にして、すぐに納得します。そうなんだ、ミミズやダンゴムシこそが、地球の土を創ってくれてきたんだ、と。

視線を低くしてはじめて、見えてくるものがあるのです。

皆越が道端で夢中になってミミズを撮影しているとき、通りがかった幼児が覗きこんだことがあります。「汚いよ」といって親が連れ去ろうとしました。思わず、いったそうです。「汚い、といいますけどこの連中は汚いのを浄化してくれているんですよ」と。

地面に顔を近づけてものを見ている人の発言です。

アメリカ先住民と交流のあるナンシー・ウッドは、先住民の古老から聞いた言葉の数々を、詩や散文にとどめています。そのなかにこんな言葉がありました。

「白人は大地を眺めるのに、けっしてひざまずこうとはしない。上の方から見下ろすのだ。彼らは、アリの重要性を認めない。クモの巣の美しさを、見ようとしない。畑で土が掘り起こされるのを見たことがない。コオロギの鳴き声なんか、聞きたくもないのだ」

上の方から大地を見下ろすことしか知らないものに、大自然のなにがわかるのだ、と古老は問うているのでしょう。

土が生きているということ、そこにはアリやクモや土壌動物などの、たくさんの生きものが生きているということ、風や光や水や大地が生きものをささえているということ、生きものたちがいい土を創り、いい土がゆたかな水を地中にため、ゆたかな水がゆたかな緑を創っていること、そういうことは、大地に腹ばいになり、アリやクモや土壌動物の動きを見てこそわかるのだ、とアメリカ先住民の古老はいいたいのでしょう。

歌人、木下利玄《りげん》に、「我が顔を雨後の地面に近づけてほしいまゝにはこべを愛す」という歌があります。

ハコベのあいらしさ、ハコベのたくましさを知るには、地面に顔を近づけることです。その白い花びらのつややかさ、黄の花粉の輝き、小さな花の営みを知るには、ひざまずき、あるいは腹ばいになるほかはありません。

戦後まもなく、世界を歩き回り、超ロングセラー『何でも見てやろう』を書いた作家、小田実は、低い目線でものごとを見つづけている人です。

インドの旅で、ホテル代のない小田はカルカッタの街の路上に寝ます。一九六〇年前後のことです。

「私は貧乏で街路に寝はした。が、私はたんなる行きずりの旅行者にすぎなかったのだ。私は逃げ出そうと思えば、いつだって逃げ出せたのである。げんにそのときも、私はバンコック行のジェット機の予約をすませたばかりではなかったのか。

私の書きたいことは、そのときに私が胸に感じたことについてである。それは、一口に言って、もうこれはタマラン、ぜがひでも、何がなんでも、ここから逃げ出したい気持、いや、激しい欲望であった」

「こう書いていても、私は気の進まぬのを覚える。私はなんという卑怯者だろう。ベンガルのえらい詩人とアジアの『貧困』を論じたとき、私はあんなにも雄弁であったではないか。それがいざ貧困に直面すると、眼をむけるどころか、背を向けて一目散に逃げ出そうとする。貧困のまえで眼を見ひらいて、問題の本質をみきわめようともせず、コペンハーゲンとか金髪と真白い肌の少女とか、要するに『西洋』に自分をゴマかそうとしている。それが卑怯でなくて何だ。私にはその自分の声がきこえる。そして、その通りであると思う。つくづく思う」

旅費のなくなった小田は、街路で寝る人びとの群れに加わり、薄汚れたシーツをかぶる者、腰の回りに三角形の布切れをまとっただけの者にまじって横になるのですが、そんな小田に見えてきたのは、「むき出しの貧困」の姿だけではなく、アジアの貧困にたじろぐ「アジア人である自分の姿」でした。インドの知識人と「アジアの貧困」を論じ、いい気持ちになっていた自分が、いざ、その貧困の極というべき路上生活者の群れに身をおいたとき、「なんとか逃げ出したい」と思う。そういう自分の姿、正義づらの裏にひそんでいる「卑怯者」の姿が見えてきたのです。

このあたりの文章を読むたびに、私は、小田実という不世出の人物の、自分を見つめる眼の厳しさ、公式論にとらわれない自由な生き方に感じ入るのです。「口先だけの知識人」を嫌った小田は、思い切って視線を低くし、その低い視線の位置から「何でも見てやろう」という旅を、いまもつづけているのです。

「人間中心主義」というのがあります。いわゆる「万物の霊長」という見方です。人間はほかのどの生きものよりもえらい。知恵もあり、情もある。自然をどのように改変しようとも、それが人類の幸福のためになるのであれば正しい開発であると主張する人がいます。人類こそえらい、という立場からものを見ると、どうしてもほかの生きものの命が見えなくなります。生きものの姿は見えても、その生きものが一つ一つの命をもった存在であるという、その命が見えてこない。

皆越ようせいのように、土壌動物の目線で見るとき、ミミズもまた、いとおしい存在になります。皆越は私にたくさんのミミズの写真を見せながら、「これ、これ、これがミミズのタマゴです。どうです、きれいなもんでしょう?」。かわいくてかわいくてたまらんという表情で、そういうのでした。

(追記=この稿のゲラを待つ間、二〇〇七年七月三十日、小田実氏は永眠された。合掌)

「ミミズの世界に魅せられて」、辰濃和男『「私流」を創る』朝日ソノラマ、二〇〇三年
ナンシー・ウッド、金関寿夫訳『今日は死ぬのにもってこいの日』メルクマール、一九九五年
小田実『何でも見てやろう』講談社文庫、一九七九年(単行本初版は一九六一年)

7　自分と向き合う

「私はこうして文章を書いていますが、去年書いた文章はすべて不満であり、いま書いている文章も、また来年見れば不満でありましょう」
（三島由紀夫）

三島由紀夫にしてそうなのか、というのが率直な感想です。あなたは、去年書いたものを読み直して不満で不満でたまらない、と思うことがありますか。

読み返してみて、たまには「よく書けてるんじゃないか」と思うこともあるけれど、おおむね「おおいに不満である」というのが正直な感想ではないでしょうか。私もその一人です。そういいながら、文章のことを人に説いているというのはまことに度胸がいいというか、いい加減というか、しかしそんな私も、三島の次の言葉には奮いたちます。

「それでもなおかつ現在の自分自身にとって一番納得のゆく文章を書くことが大切なのであります」

そうです。自分の過去の文章に不満であろうとあるまいと、大切なのはいま、これから書く文章です。いま書いている文章は十分に納得できるものでありたい。そう自分にいいきかせて机に向かいます。

詩人、堀口大学にこういう詩があります。

駑馬《どば》だった
働いた
働いた
駑馬だった

だれしも、ときにはこういう自嘲の声を放つことがあるのではないでしょうか。詩人、三好達治は、「自像」と題するこの堀口の詩に触れながら「鋭く耳に痛く響く」と書いています。向田邦子もまた、自分のことを痛めつける文章を書き、自分には「貧しい才能のひけ目」があると書いています。

三島が「自分の文章はすべて不満だ」と書き、堀口大学が自分は「駑馬」だと自嘲ぎみに歌い、向田邦子が「ひけ目」を感じていると書くのを知ると、ふっと安堵の思いが胸をかすめます。あり あまる才能をもった人たちでも、自分自身のことをそう見ていたのかという安心感ですね。

一方では、そういう「不満」「劣等感」「ひけ目」こそが、新しいものを生むすさまじいエネルギーになっているのだろう、という気持ちがあります。

私がこの章でいいたいのは、こういうことです。

三島たちの不満やらひけ目やらは、己をさらに高いところにかりたてるエネルギーを生んでいるのではないか。そのことを思えば、自分の文章を読み直して「なんて下手くそなんだろう」と思うのはそう悪いことではない。いや、よりよい文章を書くためにはむしろ必要なことなのだ、とも思います。

画家、熊谷守一は、別の形で自分の本当の姿に向きあうことの大切さを説いています。熊谷は、私の知る限りでは、日本が生んだ、もっとも生命力にあふれた画家だと思っています。アリやチョウやクマンバチやフシグロセンノウや、そういう小さな生きものの命を見つめ、見守り、見つづけ、その命を描きつづけた画家です。

「下手にかけたからといって、消してもやぶいても、下手にかけたという事実は消すことはできない」と熊谷はいっています。

「絵でも字でもうまくかこうなんてとんでもないことだ」ともいっています。

きわめつきは「下品な人は下品な絵をかきなさい、ばかな人はばかな絵をかきなさい、下手な人は下手な絵をかきなさい」という言葉です。

べつの本のなかの、熊谷の言葉には、こういう表現があります。「絵でも字でも上手下手は問題ではない。どう気張ってみても、自然にその人らしさが出てしまう。上品な人は上品に、下品な人は下品になるのは当然のことでどうにもなるものではない」

熊谷が嫌ったのは、下品な人が上品ぶった絵を描こうとすること、ばかな人が背伸びをして才気に満ちていると思わせる絵を描こうとすることで、そういう絵は自分を偽る。背伸びしたり、利口ぶったり、上品ぶったりしないで、自分のありのままを表現しなさい。そういう意味でしょう。

文章も同じです。一見、上手そうにみえる文章が、何回も読んでいるうちに「どうも心を打つものが希薄だ」と思えてくる場合があります。一読したところ、すきがあり、稚拙なところのある文章が、読み直しているうちに次第に筆者の思いがじんわりと伝わってきて、いい文章に思えてくることもあります。

こういうとりとめのない表現を使うのは気がひけるのですが、結局は「内面」の深さがものをいうのではないでしょうか。自分の文章に自分が不満をもつのは当たり前のことです。そしてときたま、自分の文章に「ちょっと満足する」ということもあるにはあるでしょう。技巧的なことは、気づいたら直せばいい。しかし、自分の観察の不十分さ、ものを見る目の浅さ、自分のなかの自分勝手な思いこみ、考えのいたらなさなどは気づくのが難しい。でも、気づいたらやり直せばいいのです。

気づくためには、しっかりと自分に向き合うことです。己のおろかさに向きあうことのないおろかものよりも、己に向きあい、己のおろかさに気づき、そのおろかさをなんとかしようともがいているおろかもののほうが、数段ましでしょう。

問題はこころのありようです。

自分の文章の欠陥に気づかず、あるいは気づいていてもなかなか直すことのできないとき、他人から指摘されることがあります。実にありがたいことなのですが、それをどう受け取るかは、その人の器量次第です。

文章の世界ではなく、これは落語の世界のことですが……。

先代の古今亭志ん生は、若いころ、ある人から皆の前でこっぴどく叱られました。「お前なんか、うまくもなんともねえんだ。くやしかったら切れ味をみせてみな」。志ん生は、くやしくて眠れなかった。が、一心不乱に稽古をし、いい味をだすようになった、という話を聞いたことがあります。自分を顧みていうのですが、私なんかも、厳しい批判をあびると、捨てられた菜っ葉のようにしおれてしまったものですが、日々、なにかを書いてきたおかげで、次第にツラの皮があつくなった、と思っています。

叱られ上手の人はスポンジが水をいっぱい吸いこむように「自分への批判」を吸収してみずみずしくよみがえる。人の批判に耳を傾けることは、自分と向きあい、自分を知るうえで、じつに大切なことなのでしょう。志ん生はとびきり強靭なスポンジの球体を体内にもっていたのでしょう。

一方で厳しい批判を受け入れるやわらかさをもち、一方で、厳しい批判、注文、悪口にさらされても自分を失わない強さをもつ。自分は、いいものをたくさん吸収してより大きく成長しているのだということに自信をもつ。

文章修業には、そのやわらかさと強さが両方とも必要です。

最後に一つ、人の書いた文章の批評をすることも、文章修業の一つでしょう。

その場合、常に、正しく評価することを考えましょう。相手をひたすら非難したいがための悪口を重ねるとか、相手の長所を見ず、ただただ攻撃するためにアラを探すとか、逆に、無条件にほめてほめてほめまくるとか、そういうことではなくて、その文章の特徴を正確にとらえる努力をする。書いた人のこころのありようにまで入ってゆく。そういう態度が大切です。小林秀雄の言葉に「正しく評価するとは、その在るがままの性質を、積極的に肯定する事であり、そのためには、対象の他のものとは違ふ特質を明瞭化しなければならず、また、そのためには、分析あるひは限定といふ手段は必至のものだ」というのがあります。書かれた内容を積極的に肯定し、評価すること、そういう読み方をすれば、書き手のこころが少しは見えてくるのではないでしょうか。

三島由紀夫『文章読本』中公文庫、一九七三年
三好達治『三好達治随筆集』岩波文庫、一九九〇年
熊谷守一『へたも絵のうち』日本経済新聞社、一九七一年
向井加寿枝『赤い線それは空間　思い出の熊谷守一』岐阜新聞社出版局、一九九六年
小林秀雄『考えるヒント』文藝春秋、一九六四年

8　そっけなさを考える

「私たちがこれ(食器類)を愛用しているのは一種の素気無《そっけな》さです。これは邪魔にならないデザインです。そのうえに置かれるであろう食物、注がれるであろう液体をひきたてようとしているデザインです。そうではなくて、食器類にかぎらず、そのものの役割を無視してデザインだけがえばっているような実用品が多すぎると思いませんか」

（山口　瞳）

多すぎると私も思いますね。山口瞳は明言していませんが、「文章もまた、そっけないものがあっていい」と考え、自戒の意味でこの食器の話を書いたのだと思います。

こころみに、山口の文章を読んでみましょう。「そっけない文章」とはとてもいえないような、熱い文章が数多くあります。しかしながら、『愛ってなに?』という短編集を読んだとき、これこそが山口の思っている「素気無さ」だろうと合点しました。

そのなかに「罐蹴り」という短編があります。離婚した岩崎という男と息子の宏、それに女中の政子の三人が主な登場人物です。

その政子ですが、どういう顔つきなのか、どういう魅力をもった女性なのか、一切書いていない。「誕生日が来ると三十歳になるそうで一度結婚に失敗している。性格がさばさばしているところがよかった」という程度の説明しかない。主要な登場人物の紹介としては恐ろしくそっけない説明です。

政子はやがて女中をやめて、去る。

二人は、二年ほどたって、再会し、ホテルで一夜を過ごす。

「朝になった。カーテンをあけたので、あたりはすっかり明るくなっていて、眩《まぶ》しいくらいだった」

「目が覚めてみると、裸の政子を抱いていることがわかった。そのままねむってしまったらしい。そんなことも初めてだった。不思議な安らぎがあった」

「二人は表へ出た。よく晴れていた」

そして、別れる。まことにそっけない文章が続きます。

が、読みおえたあと、読み手には、政子という女の心の動きがくっきりと伝わってきます。姿も見えてきます。「罐蹴り」の好きな息子の宏の姿も、ちょっと崩れた感じの学者、という岩崎の姿も見えてきます。この作品は、書かれない部分が読み手の想像力を存分に喚起する、というたのしさを与えてくれます。

さまざまな形容を取り去った、そっけない文章だからこそ、それがかえって読み手の想像力を呼びおこす。文章という器のデザインがそっけないものであるからこそ、読み手は器に盛られる料理の色、味、香りを十分にたのしむことができるのではないでしょうか。きわめて省略の多い文章の背景に、山口の師、吉野秀雄の影響があるように思えてなりません。それは「一切の無駄を排除し、ひたすら簡浄に」を説く教えでした。

画家、熊谷守一のことは前にも書きましたが、私は、この人の絵だけではなく、文章が好きです。妙に飾らないところがいい。

「最近は書もよく書きます。……なるべく書きたくないのは『日々是好日』とか『謹厳』などという字です。しかし妻がいうには、無理に頼まれて書いても、あとで展覧会などで見ると、本人が喜んで書いたように見えておかしいそうです。

良寛の字をほめる人は多いようですが、あんまりきれいで上手すぎて、私には気に入りません。私は良寛はコジキ坊主だとばかり思っていましたが、字からみるととてもそんなことはない。私の良寛に対する気持ちと、字から受ける感じがどうも違うので、初めて字を見たときは困った気分になりました」

「これからもどんどん生き続けて、自分の好きなことをやっていくつもりです。

ただ何回かふれましたが、私はほんとうに不心得ものです。気に入らぬことがいっぱいあっても、それにさからったり戦ったりはせずに、退き退きして生きてきたのです。ほんとうに消極的で、亡国民と思ってもらえばまず間違いありません」

一九七一年、九十一歳のとき、日経の「私の履歴書」欄に書いた文章です。

多くの人がほめそやす良寛の字を「私は気に入らない」とさらっといってしまうところが熊谷らしい。しかも、その理由が「きれいで上手すぎる」というのも、この人ならでは、の感じがします。

熊谷の文章は、技巧をこらすというところがみじんもない。この文章を読んで感ずるのは「自分に対するそっけなさ」です。自慢とか卑下とか衒《てら》いとか気位とか、そういう感情をあっさりと超え、自分を突き放している。自分に対して、まことにそっけない態度をとっている。そこに熊谷の文章を読むときに感ずるこころよさがあります。

世の中には、自分の能力をひけらかした文章があります。けれんみのありすぎる文章がありま す。どうだ、おもしろく書けているだろうという得意げな顔が見える文章があります。

そういう文章はどんなに技がすぐれていても、いい文章とは思いません。「文章を読めばその人がわかる」とよくいわれますが、熊谷流に突き放した言い方をすれば、「能力をひけらかすのが得意な人は、能力をひけらかした文章を書きなさい」ということになりましょうか。

そっけない文章の師匠格の人に森鷗外がいます。たとえば『寒山拾得』の一節はどうでしょう。中国の唐の時代の話です。閭《りょ》という官吏と、ある僧の出あいがあります。

「閭は小女《こおんな》を呼んで、汲立《くみたて》の水を鉢に入れて来いと命じた。水が来た。僧はそれを受け取つて、胸に捧げて、ぢつと閭を見詰めた。清浄《しょうじょう》な水でも好ければ、不潔な水でも好い。湯でも茶でも好いのである。不潔な水でなかつたのは、閭がためには勿怪《もっけ》の幸《さいわい》であつた。暫く見詰めてゐるうちに、閭は覚えず精神を僧の捧げてゐる水に集注した。

此時僧は鉄鉢の水を口に銜《ふく》んで、突然ふつと閭の顔に吹き懸けた。

閭はびつくりして、背中に冷汗が出た。

『お頭痛は』と僧が問うた。

『あ、癒《なお》りました。』」

淡々としたそっけない文章ですが、水を吹きかける前後の描写に迫真力があります。いかなる頭痛も、これなら治ってしまうだろうと思わせるような筆力です。

この後、官吏の閭と寒山拾得の出あいがあります。ここで紹介した文章だけでも、鷗外の文章のそっけなさがおわかりでしょう。

そっけないがしかし、情景はくっきりと目に浮かびます。多少、読み慣れない漢字はありますが、物語の内容は十二分に伝わってきます。ただ、この短編小説を書いた鷗外の真意を探るのは難しい。なにを描きたかったのか、そこのところがわかりにくい。寒山拾得的、道教的な生き方へのあこがれが、鷗外にこういう文章を書かせたのでしょうか。寒山拾得が高級官僚である閭の前からすたこらと逃げ出したように、鷗外もまた権威あるものの座から早々に逃げ出すことを熱望していたのかもしれません。

山口瞳『人生論手帖』河出書房新社、二〇〇四年
山口瞳『愛ってなに?』新潮文庫、一九七七年
熊谷守一『へたも絵のうち』日本経済新聞社、一九七一年
「寒山拾得」『現代日本文学全集・森鷗外集』筑摩書房、一九五三年

9　思いの深さを大切にする

「名文はわれわれに対し、その文章の筆者の、そのときにおける精神の充実を送り届ける。それは気魄であり、緊張であり、風格であり、豊かさである。われわれはそれに包まれながら、それを受取り、それを自分のものとする」

（丸谷才一）

名文とは、という問いに対して、古来、たくさんの人が答えてきましたが、丸谷のこの文章はずっと心に残っています。名文論はこうつづきます。

「われわれはおのづから彼の精神の充実を感じ取つて、筆者が文章を書くことを信じてゐる信じ方に感銘を受け、やがて自分もまた文章を書くことの意義と有用性とを信じるのだ。これこそは名文の最大の功徳にほかならない」

名文であるか否かは何によってわかれるのか。丸谷は簡潔に答えます。

「君が読んで感心すればそれが名文である」と。

たとえば「政治と言葉」という丸谷の文章があります（「朝日新聞」二〇〇六年一〇月三日・朝刊）。

満州事変以降の政治言語にはじまって、小泉前首相の言葉、安倍首相の言葉にいたるまでの批評は、さすがに明晰で、説得力があって、そのことだけでも感動的な名文なのですが、私がさらに「これこそ」と思ったことが一つありました。リンカーンの演説の引用です。丸谷は「人民を、人民が、人民のために」とさりげなく書いている。ふつう世に流布しているのは、「人民の、人民による、人民のための」です。しかし、この「人民の」は「人民を」と訳したほうが正しいという説があり、私もそう思います。「人民が、人民を統治する」という意味が言葉の背景にあり、そこには、「人民に統治される人民は賢くなければならない」という大切な思想が厳としてあります。そのあたりをきちんと押さえているということに、一言一句をゆるがせにしない丸谷の文章への深い思いを感じました。

琉球舞踊の名手、佐藤太圭子《たかこ》が「思いの深さと踊りの深さとはつながっています」といっていたことを思いだします。佐藤の舞台を見ているうちに、私は沖縄の海の色、なぎさの色、空の色、雲の動き、モクマオウの木々を吹き渡る風、海岸林の緑、あれやこれやが浮かび、人を思う情けの世界に包まれているのを感ずるのです。文章もそうでしょう。思いの深さはおのずから文章ににじみでてくるものなのでしょう。

一九八五年といえば、ひと昔前のことですが、朝日新聞の「ひととき」欄に、ある農家のお母さんの文章が載っていました。

「今年の新成人は百七十一万人だと新聞が報じていた。本来ならば、わが息子もこの中の一人として、この日を迎えるはずであったが、交通事故であえなく十九の命を散らしてしまった。

（略）

せめて、息子の墓を豪華な花でかざってやりたくて、嫁いでいる娘に花を買って来てくれるよう電話で頼んでおいた。娘はたくさんの花と生ずし、サラダパン、それに亡き弟に顔の似ている人形を仏壇に備えた。人形の胸には小さな造花がさしてあり、その下に『あっちゃん、成人おめでとう』と書いてあった。

それから、家の者とみんなで墓参りに行った。裏山を登るとすぐ墓はある。新しく建てた墓石の上に酒を注ぎながら、『アッ坊、成人の日おめでとう』と言おうとして、あ、おめでたくなんかないわねえ、『ほんとに残念だったね』と声に出して言ったら、悲しみが突きあげてきた。お前のさっそうとした背広姿をこの目で見たかったよ」

親思いの息子は、高校を出ると自分の力でやってみるからと、新聞配達をしながら大学に通っていた。その学校の帰りに事故にあったのでした。

「中学、高校の友人が連れだって今日も墓参に見えられた。ウイスキーやたばこを持って。盆や彼岸、命日にも大勢来ていただいたが、成人の日には思いもよらなかった。背広姿もりりしく、ういういしいこの心優しき友人たちに息子の姿をだぶらせて、なんともいえずいとおしく、幸多い人生であることを祈らずにはおれなかった」(茨城県阿見町、渡辺正子・農業・五〇歳)

息子さんを悼む、実にいい文章だと思い、切り抜いておいたのです。まず「サラダパン」がいい。そこに亡くなった息子さんの暮らしのにおいがあるからです。「さっそうとした背広姿をこの目で見たかったよ」もいい。さっそうとしたという常套句も、この場合はそう悪くはないとも思う。そこに思いの深さがあるからです。主のいない成人の日を迎えた母の、悔しさ、やりきれなさ、いとおしさ、もろもろの思いが「さっそうとした背広姿」という言葉にこめられているからです。大切なのは技ではない、心だ、と思わせるものがこの文章から伝わってくる。思いの深さがすなおに言葉になっています。

では、次の大岡昇平の文章はどうでしょう。『野火』からの引用です。『野火』の構想は敗戦直後の一九四六年にさかのぼります。作品として完成し、単行本が刊行されたのは一九五二年のことでした。

「その道が白く明けて行くのを、私は丘の頂《いただき》の叢《くさむら》から眺めた。道の向う、林の前の原に、日本兵の屍体《したい》が点々と横たわっているのが見えた。その数は、昨夜戦車に照された時見た数より、遙《はる》かに少ないと思われた。

（俺《おれ》みたいに逃げて来た奴《やつ》も、いるのかな）

雨はあがっていた。遠く海の上らしい空に、鼠色《ねずみいろ》の雲が厚く重なった上から、髪束《かみたば》のように高い積雲が立ち、紅《あか》く染《そま》っていた。

歓喜峰も染っていた」

「到《いた》るところに屍体があった。生々しい血と臓腑《ぞうふ》が、雨あがりの陽光を受けて光った。ちぎれた腕や足が、人形の部分のように、草の中にころがっていた。生きて動くものは、蝿だけであった」

第二次大戦下のフィリピン・レイテ島の戦場です。米軍の圧倒的な攻撃力によって、日本軍は敗退します。主人公の「私」は、病気で、部隊と共に行動することができない。手榴弾一つと六個の芋を手渡されて、敗退する部隊から取り残されます。「最後まで帝国軍人らしく行動しろ」といわれますが、それは自決をせまるものでした。

「私」は一人で逃げのびます。

「私」は眼に映る戦場の光景を、突き放した筆致で描いています。

「雨が降り、木の下に寝る私の体の露出した部分は、水に流されて来た山蛭《やまひる》によって蔽われた。その私自身の血を吸った、頭の平たい、草色の可愛い奴《やつ》を、私は食べてやった」

街道を行くのを避け、脊梁山脈の方へ入ってゆく。そこで目撃するのは木に背をもたせた遺体であり、腐敗してふくれ上がった死者の姿であり、あるいは白骨の姿でした。

「生きている人間にも会った。私同様、無帽無銃裸足で、飯盒《はんごう》だけぶらさげた姿であった。『パロンポンはこっちですか』と彼は喘《あえ》ぎながらいった。

『こっちには違いないが、米軍がいて通れやしねえぜ』

彼はへたへたとそこへ坐った。私は彼の身につけたもので、私の持ってないものは何もないのを、ゆっくり眼でたしかめてから、通り過ぎた」

「夜、なおも雨が降り続ける時、私は濃い葉蔟《はむら》の下を選んで横たわった。既に蛍《ほたる》の死んだ暗い野に、遠く赤い火が見えた。何の灯であろう。雨の密度の変移に従って、暗く明るくまたたき、または深い水底に沈んだように、暈《かさ》だけになった。

私はその火を怖れた。私もまた私の心に、火を持っていたからである」

やがて「私」は、道端で見る屍体の一つの特徴が気になります。臀の肉を失っていることです。それは、カニバリズムの跡ではないかという疑惑がわいてきます。丘の孤立した木に背をもたせ、死を前にした男がいました。将校の服を着ていました。

「雨が落ちて来た。水が体を伝った。蛔は趾《あし》をさらわれて滑り落ちた。すると今度は山蛭《やまひる》が雨滴《てき》に交《う》って、樹から落ちて来た。遠く地上に落ちたものは、尺取虫《しゃくとりむし》のように、体全体で距離を取って、獲物《えもの》に近づいた。

『天皇陛下様。大日本帝国様』

と彼はぼろのように山蛭をぶら下げた顔を振りながら、叩頭《こうとう》した。

『帰りたい。帰らしてくれ。戦争をよしてくれ。俺は仏だ。南無阿弥陀仏。なんまいだぶ。合掌』

しかし死の前にどうかすると病人を訪れることのある、あの意識の鮮明な瞬間、彼は警官のような澄んだ眼で、私を見凝《みつ》めていった。

『何だ、お前まだいたのかい。可哀そうに。俺が死んだら、ここを食べてもいいよ』

彼はのろのろと瘦せた左手を挙げ、右手でその上膊部《じょうはくぶ》を叩いた」


ここには、栄光、荘厳、勇気を思いおこさせる光景は描かれていません。敵軍に追いつめられ、飢えて、死と向きあっている将兵がどういう行動をとるか。そのことを突き放した筆で描いています。将校らしき男が、死を前にして自分の上膊部をしめし、「死んだら、ここを食べていいよ」という。どういう状況のもとで、そういう言葉がでてくるのか。人間の深部にあるものを追い求めて、作者は画布に血とか蠅とか山蛭とか白骨と化した遺体とか人間の野性とか生命力とか、そういうことがらを一つ一つ埋め込んでゆきます。

書かずにはいられない。書き残しておかなくてはならぬという志が、そこにはあります。「ここを食べていいよ」というせりふや、「戦争をよしてくれ」というつぶやきは、尽忠報国という勇ましい掛け声にはおよそ似合わないせりふで、そうでありながら、いや、そうであるからこそ、私たちのこころをしかと摑んではなさない。そこには戦場のありさまから目をそむけまいとする作者の厳しい目があります。戦争というものの正体を見きわめようとする熱い思いと醒めた目が、この小説のなかの「現実」を創り出しています。
対象を突き放す厳しさと、包み込む温かさと、なんとしてもその現実を後世の人に伝えたいという志と、その三つの思いの深さが溶けあったとき、人の心に響く言葉が生まれるということを、私はこの作品で学びました。

丸谷才一『文章読本』中公文庫、一九八〇年
大岡昇平『野火・ハムレット日記』岩波文庫、一九八八年

10　渾身の力で取り組む

「文章はいつも、水をかぶって、坐りなおしてはじめる覚悟でいたい」（串田孫一）

この串田の言葉は、一九五二年一月五日の日記のなかに出てきます。

まだ三十代のころの決意です。串田はたくさんの趣味をもっていた人ですが、このころはよく油絵を描いていたようです。絵は気まぐれで描きはじめることがある。しかし、文章の仕事はそうはいかない。文章を書くときは、水をかぶって、坐りなおしてはじめる覚悟でいたいというこの言葉を読んだとき、思わず、昨今の我が身を省みました。

新聞記者時代、串田孫一に原稿を依頼したことがあります。万年筆で書かれた文字でした。端正な文字の連なりはまさに芸術作品でした。

「坐りなおして書く覚悟」がなければ、こんないい字は書けないなと思いました。

亡くなった勝新太郎が中村玉緒とケンカをしたことがあります。玉緒がすごい形相になって摑みかかると、勝は即座にいったそうです。「おい、いまのその顔だ。その顔を忘れるな。いい顔だ」と。玉緒もつられて「はい」といってしまった、という話を聞きましたが、真偽のほどはわかりません。憤怒の形相も芸のこやしにしようというわけで、勝と玉緒の二人ならありえない話ではないと思いました。でも、ここのところ、少し話が飛びすぎましたね。

渾身の力といえば、アメリカのジャズピアニスト、ハンク・ジョーンズの話が朝日新聞に載っていました。二〇〇七年に八十八歳になったジョーンズはいっています。

いま、レパートリーは二千曲はある。しかしまだ知らない曲がたくさんある。「私はまだまだ向上したい。だから今でも毎日二、三時間はピアノに向かっている。練習をやめたいと思ったときが終わりなんだろうね」(「朝日新聞」二〇〇七年一月一〇日・夕刊)。

こういう記事を読むと、渾身の力というのは瞬発性のものだけではなく、持続性のものでもあるということがよくわかります。九十歳近くになっても、一日二、三時間はピアノに向かう、という根気は、これはもう、尋常な持続力をはるかに超えています。

文章の世界でも同様でしょう。九十を過ぎても、すばらしい文章を書きつづける持続力をもった人はたくさんいます。プロとアマは違う、われわれは好きで文章を書いているのだ、なにもプロのまねをする必要はないという人がいるでしょう。でも、あえていいます。九十歳になって「まだまだ向上したい」という思いを持ちつづけることには、プロもアマも、境はないのではないか、と。

古来、たくさんの人が「いい文章」を書くために、骨身を削ってきました。「骨身を削る」なんていう常套句にためらいを感ずるような「言葉」がいくつも残っています。

たとえば、詩人、石垣りんに「不出来な絵」という詩があります。静かさを湛えた詩です。

「あまりに不出来なこの絵を／はずかしいと思えばとても上げられない／けれど貴方は欲しい、と言われる／下手だからいやですと／言い張ってみたものの／そんな依怙地《いこぢ》さを通してきたのが／いま迄の私であったように／ふと、思われ／それでさしあげる気になりました」

不出来な絵ではあるけれど、その絵の対象になったものをことごとく愛している、と歌ったあと、石垣りんはこう書いています。

「不出来な私の過去のように／下手ですが精一ぱい／心をこめて描きました」

私はこの、最後の「下手ですが精一ぱい／心をこめて描きました」というひかえめな表現が好きで、何度も読み返しては、この真摯な詩人が「精一ぱい」という以上、まことに精一ぱいだったのだろうと思い、文字をつらねるとはそういうことなのだと粛然とした気持ちになるのです。

「下手ですが精一ぱい、心をこめて書く」。これ以外に修業の道はない、とさえ思うのです。

「内田百閒の信者」だと自称する随筆家、江國滋はこう書いています。

「あの名文をどんなふうにして書くのかと問われて百閒先生いわく。

『そりゃ、あんたさん、死にもの狂いですぜ』」

さらさらと一気に書いたように見える百閒の文章は、「死にもの狂い」の産物だったのです。

川端康成も、読み手がたじろぐような激しい言葉を使っています。

「文章の工夫もまた、作家にとつては、生命を的の『さしちがへ』である。決闘の場ともいへやうか」

川端は、「われわれの言はうとする事が、例へ何であつても、それを現はすためには一つの言葉しかない」というフローベルの言葉を引用し、そのためにも作家は、不断のそして測り知れぬ苦労を積み重ねるほかはないとも書き、文章の工夫は「決闘の場」だという激しい言葉を使っているのです。その文章の工夫なるものには、確たる方法もなく、物指しも存在しない。ただただ、自らの修業に頼るほかはない。作家に限らず、ものを書く人はみな、この修業をいい加減にしてはいけないというのが、川端のいわんとするところでしょう。

いままで、「これ渾身」ということについて書いてきましたが、この言葉は、実は幸田文の文章から選びました。この人の初期の作品に『こんなこと』という短い回想記があります。文は、父、露伴に箒《ほうき》の使い方、はたきのかけ方、雑巾がけ、薪わり、すべてを厳しくしつけられました。とにかくうるさい。「はたきの房を短くしたのは何の為だ、軽いのは何の為だ。第一おまえの目はどこを見ている、埃《ほこり》はどこにある、はたきのどこが障子のどこへあたるのだ、それにあの音は何だ」と続きます。子ジシを谷に落とす勢いです。

薪わりも教えてもらいました。鉈《なた》をもつ。振り上げ、一気に切りおろして二つに割りたいのですが、なかなかうまくいかない。「二度こつんとやる気じゃだめだ。からだごとかかれ」。繰り返して鉈をふるううちに、刃物や石に対する恐怖感が抜けていました。そしてなにごとかを会得するのです。ひっきょう、父の教えたものは技ではなくて、これ渾身ということであった、と。

いい加減な気持ちではなく、鉈のひとふりに、からだごとの気合をかける。その燃焼の瞬間をもつことの大切さを、文は父から学んだのでしょう。

渾身の気合で書く。

そして、肩の力を抜いて書く。

この二つをどう融合させるか。矛盾するようで、これは決して矛盾するものではありません。

「串田孫一の日記」『串田孫一集(八)』筑摩書房、一九九八年
『石垣りん詩集』ハルキ文庫、一九九八年
江國滋「名文に毒あり」、週刊朝日編『私の文章修業』朝日新聞社、一九七九年

幸田文『父・こんなこと』新潮文庫、一九五六年

辰濃和男

1930年 東京に生まれる
1953年 東京商科大学(一橋大学)卒業, 朝日新聞社入社. ニューヨーク特派員, 社会部次長, 編集委員, 論説委員, 編集局顧問を歴任. この間, 1975〜88年,「天声人語」を担当. 93年退社.
現在—ジャーナリスト
著書—『文章の書き方』
『四国遍路』(以上, 岩波新書)
『高尾山にトンネルは似合わない』
(岩波ブックレット)
『風と遊び風に学ぶ』
『歩けば, 風の色』
『「私流」を創る』(以上, 朝日ソノラマ)
『歩き遍路』(海竜社) ほか

文章のみがき方　　岩波新書(新赤版)1095

2007年10月19日　第1刷発行
2012年9月5日　第11刷発行

著　者　辰濃和男《たつのかずお》

発行者　山口昭男

発行所　株式会社 岩波書店
〒101-8002 東京都千代田区一ツ橋2-5-5
案内 03-5210-4000　販売部 03-5210-4111
http://www.iwanami.co.jp/

新書編集部 03-5210-4054
http://www.iwanamishinsho.com/

印刷・理想社　カバー・半七印刷　製本・中永製本

© Kazuo Tatsuno 2007
ISBN 978-4-00-431095-2　　Printed in Japan

岩波新書新赤版一〇〇〇点に際して

ひとつの時代が終わったと言われて久しい。だが、その先にいかなる時代を展望するのか、私たちはその輪郭すら描きえていない。二〇世紀から持ち越した課題の多くは、未だ解決の緒を見つけることのできないままであり、二一世紀が新たに招きよせた問題も少なくない。グローバル資本主義の浸透、憎悪の連鎖、暴力の応酬——世界は混沌として深い不安の只中にある。

現代社会においては変化が常態となり、速さと新しさに絶対的な価値が与えられた。消費社会の深化と情報技術の革命は、種々の境界を無くし、人々の生活やコミュニケーションの様式を根底から変容させてきた。ライフスタイルは多様化し、一面では個人の生き方をそれぞれが選びとる時代が始まっている。同時に、新たな格差が生まれ、様々な次元での亀裂や分断が深まっている。社会や歴史に対する意識が揺らぎ、普遍的な理念に対する根本的な懐疑や、現実を変えることへの無力感がひそかに根を張りつつある。そして生きることに誰もが困難を覚える時代が到来している。

しかし、日常生活のそれぞれの場で、自由と民主主義を獲得し実践することを通じて、私たち自身がそうした閉塞を乗り超え、希望の時代の幕開けを告げてゆくことは不可能ではあるまい。そのために、いま求められていること——それは、個と個の間で開かれた対話を積み重ねながら、人間らしく生きることの条件について一人ひとりが粘り強く思考することではないか。その営みの糧となるものが、教養に外ならないと私たちは考える。歴史とは何か、よく生きるとはいかなることか、世界そして人間はどこへ向かうべきなのか——こうした根源的な問いとの格闘が、文化と知の厚みを作り出し、個人と社会を支える基盤としての教養となった。まさにそのような教養への道案内こそ、岩波新書が創刊以来、追求してきたことである。

岩波新書は、日中戦争下の一九三八年一一月に赤版として創刊された。創刊の辞は、道義の精神に則らない日本の行動を憂慮し、批判的精神と良心的行動の欠如を戒めつつ、現代人の現代的教養を刊行の目的とする、と謳っている。以後、青版、黄版、新赤版と装いを改めながら、合計二五〇〇点余りを世に問うてきた。そして、いままた新赤版が一〇〇〇点を迎えたのを機に、人間の理性と良心への信頼を再確認し、それに裏打ちされた文化を培っていく決意を込めて、新しい装丁のもとに再出発したいと思う。一冊一冊から吹き出す新風が一人でも多くの読者の許に届くこと、そして希望ある時代への想像力を豊かにかき立てることを切に願う。

（二〇〇六年四月）

岩波新書より

随筆

本へのとびら　宮崎駿
人間と国家 上・下 ある政治学徒の回想　坂本義和
ぼんやりの時間　辰濃和男
文章のみがき方　辰濃和男
四国遍路　辰濃和男
文章の書き方　辰濃和男
思い出袋　鶴見俊輔
活字たんけん隊　椎名誠
活字のサーカス　椎名誠
道楽三昧　小沢昭一 神崎宣武 聞き手
仕事道楽 スタジオジブリの現場　鈴木敏夫
人生読本 落語版　矢野誠一
ブータンに魅せられて　今枝由郎
悪あがきのすすめ　辛淑玉
水の道具誌　山口昌伴
スローライフ　筑紫哲也
森の紳士録　池内紀
沖縄生活誌　高良勉
シナリオ人生　新藤兼人
老人読書日記　新藤兼人
弔辞　新藤兼人
怒りの方法　辛淑玉
メルヘンの知恵　宮田光雄
伝言　永六輔
夫と妻　永六輔
職人　永六輔
大往生　永六輔
書き下ろし歌謡曲　阿久悠
現代人の作法　中野孝次
日本の「私」からの手紙　大江健三郎
あいまいな日本の私　大江健三郎
沖縄ノート　大江健三郎
ヒロシマ・ノート　大江健三郎
日記―十代から六十代までのメモリー　五木寛之
山への挑戦　堀田弘司
勝負と芸 わが囲碁の道　藤沢秀行
メキシコの輝き　黒沼ユリ子
プロ野球審判の眼　島秀之助
短編小説礼讃　阿部昭
昭和青春読書私史　安田武
ヒマラヤ登攀史〔第二版〕　深田久弥
南極越冬記　西堀栄三郎
羊の歌 正・続　加藤周一
知的生産の技術　梅棹忠夫
論文の書き方　清水幾太郎
一日一言　桑原武夫編
インドで考えたこと　堀田善衞
岩波新書をよむ　岩波新書編集部編

文学

食べるギリシア人	丹下和彦
和本のすすめ	中野三敏
老いの歌	小高賢
魯迅	藤井省三
ラテンアメリカ十大小説	木村榮一
王朝文学の楽しみ	尾崎左永子
正岡子規 言葉と生きる	坪内稔典
季語集	坪内稔典
文学フシギ帖	池内紀
ヴァレリー	清水徹
白楽天	川合康三
ぼくらの言葉塾	ねじめ正一
季語の誕生	宮坂静生
和歌とは何か	渡部泰明
ミステリーの人間学	廣野由美子
小林多喜二	ノーマ・フィールド
自負と偏見のイギリス文化 J・オースティンの世界	新井潤美
いくさ物語の世界	日下力
漱石 母に愛されなかった子	三浦雅士
中国の五大小説 下 水滸伝・金瓶梅・紅楼夢	井波律子
中国の五大小説 上 三国志演義・西遊記	井波律子
三国志演義	井波律子
歌仙の愉しみ	大岡信 岡野弘彦 丸谷才一
新折々のうた 総索引	大岡信編
新折々のうた 8・9	大岡信
新折々のうた 2	大岡信
第三～十折々のうた	大岡信
折々のうた	大岡信
中国名文選	興膳宏
日本の神話・伝説を読む	佐佐木隆
アラビアンナイト	西尾哲夫
グリム童話の世界	高橋義人
小説の読み書き	佐藤正午
笑う大英帝国	富山太佳夫
森鷗外 文化の翻訳者	長島要一
チェーホフ	浦雅春
英語でよむ万葉集	リービ英雄
源氏物語の世界	日向一雅
古事記の読み方	坂本勝
花のある暮らし	栗田勇
一億三千万人のための小説教室	高橋源一郎
ダルタニャンの生涯	佐藤賢一
漢詩	松浦友久
伝統の創造力	辻井喬
翻訳はいかにすべきか	柳瀬尚紀
一葉の四季	森まゆみ
フランス恋愛小説論	工藤庸子
太宰治	細谷博
陶淵明	一海知義
隅田川の文学	久保田淳
芥川龍之介	関口安義
漱石を書く	島田雅彦
短歌をよむ	俵万智

岩波新書より

岩波新書/最新刊から

1372 マルティン・ルター　—ことばに生きた改革者—　徳善義和 著

聖書を読んで読みぬく。ひとりの修道士の飽くなき探究心が、キリスト教の世界を変えた。聖書のことばを見つめつづけた改革者の生涯。

1373 心の病 回復への道　野中 猛 著

どのような対処が適切で、回復には何が必要なのか？ 身近な具体例と共に、精神医学の最新知見や、日本・世界の新たな潮流を紹介。

1374 地下水は語る　—見えない資源の危機—　守田 優 著

世界と日本の地下水に危機が迫っている。さまざまな障害の仕組みを解説し、これからの地下水とのつき合い方を考える。

1375 大災害と法　津久井進 著

地震、津波、噴火、台風、豪雨……。相次ぐ大規模災害を前に、法は何をなし得るのか。災害に関する法制度を分かりやすく解説する。

1376 コロニアリズムと文化財　—近代日本と朝鮮から考える—　荒井信一 著

略奪か、合法的取得か——。国家間、民族間問題のネックといえる文化財の所属を、世界の最新の動きも紹介しつつ考える。

1377 非アメリカを生きる　—〈複数文化〉の国で—　室 謙二 著

最後のインディアン「イシ」やマイルス・デイヴィスらのポートレートを通じて、自らが連なる「非アメリカ」的文化の系譜をさぐる。

1378 テレビの日本語　加藤昌男 著

テレビが流し続けた「ことば」が日本語をやせ細らせてしまったのではないか。ニュースのことばを中心にテレビの日本語を検証する。

1379 四季の地球科学　—日本列島の時空を歩く—　尾池和夫 著

地震と噴火は日本列島を生み出し、今も刻々とその相貌を変えている。日本列島が育った数億年の時空を歩き、自然の恵みを愉しむ。

(2012. 8)